Eu-Jin Teo
Sarah Hinchliffe

"Contabilidade criativa": Uma abordagem jurídica da gestão dos resultados

Eu-Jin Teo
Sarah Hinchliffe

"Contabilidade criativa": Uma abordagem jurídica da gestão dos resultados

ScienciaScripts

Imprint

Any brand names and product names mentioned in this book are subject to trademark, brand or patent protection and are trademarks or registered trademarks of their respective holders. The use of brand names, product names, common names, trade names, product descriptions etc. even without a particular marking in this work is in no way to be construed to mean that such names may be regarded as unrestricted in respect of trademark and brand protection legislation and could thus be used by anyone.

Cover image: www.ingimage.com

This book is a translation from the original published under ISBN 978-3-659-77880-3.

Publisher:
Sciencia Scripts
is a trademark of
Dodo Books Indian Ocean Ltd. and OmniScriptum S.R.L publishing group

120 High Road, East Finchley, London, N2 9ED, United Kingdom
Str. Armeneasca 28/1, office 1, Chisinau MD-2012, Republic of Moldova, Europe
Printed at: see last page
ISBN: 978-620-8-13945-2

ÍNDICE DE CONTEÚDOS:

CAPÍTULO 1

Introdução

É ... regra ... que eles [fiduciários] não podem exercer ... poderes para ... ganho pessoal ... ... Estes princípios (...) são tão (...) fixos (...) que não estão abertos a discussão, e tão familiares (...) as autoridades que os declaram não precisam de ser citadas.

Collin J[1]

O interesse próprio é apenas um exemplo, embora seja sem dúvida o mais comum, de motivo impróprio.

Lord Wilberforce[2]

Tem havido uma explosão na investigação académica sobre a remuneração dos executivos.[3] A remuneração baseada no desempenho, em particular, levanta questões de governo das sociedades.[4] Como observam Rehnert e Ramsay, os dados contabilísticos podem ser manipulados para sugerir um bom desempenho da empresa,[5] influenciando assim a remuneração em conformidade. Por exemplo, Chalmers, Koh e Stapledon referem que:

> As principais empresas australianas, como a AMP, o Commonwealth Bank e a Western Mining Corporation, suspenderam recentemente os planos de opções sobre acções para executivos, pelo menos em parte devido à perceção da possibilidade de as opções proporcionarem incentivos perversos

---

[1] Pollitz v Wabash R Co, 207 NY 113, 124 (1912).

[2] *Howard Smith Ltd* contra *Ampol Petroleum Ltd* [1974] AC 821, 835 *("Howard Smith")*.

[3] K Murphy, "Executive Compensation" in Orley Ashenfelter e David Card (eds), *Handbook of Labor Economics* (1999) 3. Ver, por exemplo, Ruth Bender, "Why Do Companies Use Performance-Related Pay for Their Executive Diretors?" (2004) 12 *Corporate Governance: An International Review* 521; Catherine Smith, "Pay For Performance" (2000) 114(2) *Journal of Banking and Financial Services* 22; Zoher Adenwala, "Diretors' Generous Remuneration: To Be Paid or Not To Be Paid?" (1991) 3 *Bond Law Review* 25; Andrew Griffiths, "Diretors' Remuneration: Constraining the Power of the Board" [1995] *Lloyd's Maritime and Commercial Law Quarterly* 372; J Parkinson, "Diretors' Remuneration" (1984) 34 *New Law Journal* 130; Richard Booth, "The Other Side of the Management Compensation Controversy" (1994) 22 *Securities Regulation Law Journal* 22; Carl Bogus, "Excessive Executive Compensation and the Failure of Corporate Democracy" (1993) 41(1) *Buffalo Law Review* 1; Linda Barris, "The Overcompensation Problem: A Collective Approach To Controlling Executive Pay" (1992) 68 *Indiana Law Journal* 59; e Detlev Vagts, "Challenges To Executive Compensation: For the Markets or the Courts?" (1983) 8(2) *Journal of Corporation Law* 231.

[4] Ver especialmente Ian Ramsay, "The Corporate Governance Debate and the Role of Diretors' Duties" em Ian Ramsay (ed), *Corporate Governance and the Duties of Company Diretors* (1997) 2, 7; e Pamela Hanrahan, Ian Ramsay e Geof Stapledon, *Commercial Applications of Company Law* (2000) 123.

[5] Geoffrey Rehnert, "The Executive Compensation Contract: Creating Incentives To Reduce Agency Costs" (1985) 37 *Stanford Law Review* 1147, 1158; e Ian Ramsay, "Diretors and Officers' Remuneration: The Role of the Law" [1993] *Journal of Business Law* 351, 359.

à gestão (por exemplo, para conceber os procedimentos contabilísticos da empresa de modo a melhorar artificialmente o desempenho financeiro da empresa e, assim, aumentar o valor das opções ou a probabilidade de estas estarem "in-the-money" na data de aquisição).[6]

A observação precedente parece pressupor que tais práticas, embora potencialmente questionáveis do ponto de vista moral, são menos certamente problemáticas do ponto de vista jurídico.[7] No entanto, este trabalho questiona a legalidade de tais práticas, com base numa análise dos deveres devidos por aqueles que preparam as demonstrações financeiras das empresas. Os dirigentes das empresas que utilizam a "gestão de resultados" para aumentar a sua remuneração com base no desempenho estão a utilizar os seus cargos para proveito próprio de uma forma que não estava prevista.[8] Argumenta-se que esta utilização da "contabilidade criativa" também é incompatível com os deveres de agir de boa fé no interesse da empresa e para fins adequados.

O Capítulo II do presente trabalho apresenta uma análise económica das razões que justificam a remuneração baseada no desempenho. Esta análise tem estado largamente ausente da literatura jurídica sobre remuneração pelo desempenho,[9] mas é crucial para compreender a teoria subjacente à gestão de resultados, que é abordada no Capítulo III. O Capítulo IV discute a prática da gestão de resultados num contexto australiano, com o Capítulo V a analisar esta prática no contexto de várias leis gerais e deveres estatutários. Por fim, o Capítulo VI conclui com a indicação de um possível papel de governação empresarial para os consultores jurídicos à luz desta conduta.

[6] Keryn Chalmers, Ping-Sheng Koh e Geof Stapledon, "The Determinants of CEO Compensation: Rent Extraction or Labour Demand" (Documento de trabalho, UQ Business School, The University of Queensland, 2003) 4.

[7] Nas palavras de Charles Yablon e Jennifer Hill, "Timing Corporate Disclosures To Maximize Performance-Based Remuneration: A Case of Misaligned Incentives?" (2000) 35 Wake Forest Law Review 83, 89: "todos os exemplos de tal conduta, exceto os mais flagrantes, são legais ou, mesmo que tecnicamente ilegais, estão, na prática, isolados de uma reparação legal efectiva".

[8] Cf. Sarah Worthington, "Fiduciaries: When Is Self-Denial Obligatory?" (1999) 58(3) Cambridge Law Journal 500; e Jennifer Hill e Charles Yablon, "Corporate Governance and Executive Remuneration: Rediscovering Managerial Positional Conflict" (2002) 25(2) University of New South Wales Law Journal 294.

[9] Ver, por exemplo, a ausência de discussão semelhante em Adenwala, acima n 3; Griffiths, acima n 3; Parkinson, acima n 3; Booth, acima n 3; Bogus, acima n 3; Barris, acima n 3; e Vagts, acima n 3. Cf. Shaun Clyne, "Modern Corporate Governance" (2000) 11 Australian Journal of Corporate Law 276.

CAPÍTULO 2

O papel da remuneração baseada no desempenho na governação empresarial

Uma teoria da agência

As empresas cotadas em bolsa são uma força económica nas sociedades capitalistas e caracterizam-se tradicionalmente pela separação entre a propriedade e a gestão.[10] De acordo com a teoria económica neoclássica, os indivíduos racionais agem para maximizar a sua utilidade pessoal, actuando de forma coerente com o seu interesse próprio.[11] Esta visão do mundo não está isenta de críticas,[12] mas também tem demonstrado explicar o comportamento humano em geral.[13] Com a separação entre a propriedade e a gestão que se verifica em muitas empresas, desde que Adam Smith

---

[10] Michael Jensen, "Organization Theory and Methodology" (1983) 58(2) *Accounting Review* 319, 328. Ver, em geral, Ross Watts e Jerold Zimmerman, "Agency Problems, Auditing and the Theory of the Firm: Some Evidence" (1983) 26 *Journal of Law and Economics* 613; David Ng, "An Information Economics Analysis of Financial Reporting and External Auditing" (1978) 53(4) *Accounting Review* 910; Jere Francis e Earl Wilson, "Auditor Changes: A Joint Test of Theories Relating To Agency Costs and Auditor Differentiation" (1988) 57(4) *Accounting Review* 663; Thomas Wilson Jr e Richard Grimlund, "An Examination of the Importance of an Auditor's Reputation" (1990) 9(2) *Auditing: A Journal of Practice and Theory* 43; e Eugene Fama e Michael Jensen, "Separation of Ownership and Control" (Documento de Trabalho n.o MERC 82-14, Graduate School of Management Managerial Economics Research Center, Universidade de Rochester, 1983).

[11] Ver, por exemplo, Armen Alchian e Harold Demsetz, "Production, Information Costs and Economic Organization" (1972) 62 *American Economic Review* 777; Jayne Godfrey et al, *Accounting Theory* (2nd ed, 1994) 237, 239; e Francine Zhivov, Christine Jubb e Keith Houghton, "Auditor Litigation: Reputation and Auditor Switching Effects" (Documento de Trabalho n.o 95-08, Departamento de Contabilidade e Finanças, Universidade de Melbourne, 1995) 3.

[12] Por exemplo, por C Arrington e Jere Francis, 'Letting the Chat Out of the Bag: Deconstruction, Privilege and Accounting Research' (1989) 14(1-2) *Accounting, Organizations and Society* 1; T Tinker, B Merino e M Neimark, 'The Normative Origins of Positive Theories: Ideology and Accounting Thought" (1982) 7 *Accounting, Organizations and Society* 167; C Christenson, "The Methodology of Positive Accounting" (1983) 58 *Accounting Review* 1; R Hines, "Popper's Methodology of Falsification and Accounting Research" (1988) 63 *Accounting Review* 657; Barry Cushing, "A Kuhnian Interpretation of the Historical Evolution of Accounting" (1989) 16(2) *Accounting Historians Journal* 1; A McKee, T Bell e J Boatsman, "Management Preferences Over Accounting Standards: A Replication and Additional Tests" (1984) 59 *Accounting Review* 647; R Holthausen e R Leftwich, "The Economic Consequences of Accounting Choice: Implications of Costly Contracting and Monitoring" (1988) 10 *Journal of Accounting and Economics* 77; e R Leftwich, "Aggregation of Test Statistics: Statistics Versus Economics" (1990) 12 *Journal of Accounting and Economics* 37.

[13] Andrew Christie, "Aggregation of Test Statistics: An Evaluation of the Evidence On Contracting and Size Hypotheses" (1990) 12 *Journal of Accounting and Economics* 15, 25; Jayne Godfrey, Allan Hodgson e Scott Holmes, *Accounting Theory* (3ª ed, 1997) 292, 295; Godfrey et al, supra n 11, 260-3; e Ng, supra n 10, 197-9.

4

escreveu o seu Inquérito sobre a Riqueza das Nações, em 1776, reconheceu-se que os gestores que dirigem as empresas não actuam necessariamente no melhor interesse dos membros da empresa.[14]

Apesar dos seus críticos,[15] a "teoria da agência" proposta acima e popularizada por Jensen e Meckling[16] encontra repetidamente apoio empírico.[17] É verdade que os gestores sentem a utilidade da satisfação que se segue a um trabalho bem feito,[18] mas a utilidade dos gestores também aumenta com o consumo generoso de privilégios dos executivos e com o facto de exercerem menos esforços, em vez de mais, com um salário fixo. Estes dois últimos exemplos podem ser vistos como manifestações de interesse próprio dos gestores que, mantendo-se tudo o resto igual, reduzem a riqueza real ou potencial da empresa.[19] Enquanto os gestores detiverem menos de 100% da empresa, evitam o custo total da sua "evasão", mas continuam a beneficiar desse comportamento.[20] No entanto, os acionistas que não são gestores ficam em pior situação, uma vez que a sua parte da riqueza real ou potencial da empresa diminui sem que daí advenha qualquer benefício.[21]

[14] Adam Smith, An Inquiry into the Wealth of Nations (1776) 700. Ver, para efeitos semelhantes, Adolf Berle e Gardiner Means, The Modern Corporation and Private Property (1932); Eugene Fama, "Agency Problems and the Theory of the Firm" (1980) 88 Journal of Political Economy 288; e A Amershi e S Sunder, "Failure of Stock Prices To Discipline Managers In a Rational Expectations Economy" (1987) 25 Journal of Accounting Research 177.

[15] Ver, por exemplo, Stanley Baiman, "Agency Research in Managerial Accounting: A Second Look" (1990) 15(4) Accounting, Organizations and Society 341, 345; J Coffee, "Market Failure and the Economic Case for a Mandatory Disclosure System" (1984) 70 Virginia Law Review 717, 740; e Jason Kyrwood, "Disclosure of Forecasts In Prospectuses" (1998) 16 Company and Securities Law Journal 350, 355.

[16] M Jensen e W Meckling, "Theory of the Firm: Managerial Behaviour, Agency Costs and Ownership Structure" (1976) 3 Journal of Financial Economics 305.

[17] Ver especialmente Godfrey, Hodgson e Holmes, supra n 13, 292, 295; Godfrey et al, supra n 11, 260-3; Christie, supra n 13, 25; Ng, supra n 10, 197-9; e W Kinney Jr e D Martin, "Does Auditing Reduce Bias In Financial Reporting? A Review of Audit-Related Adjustment Studies" (1994) 13 Auditing: A Journal of Practice and Theory 149.

[18] K Murthy, Corporate Strategy and Top Executive Compensation (1977) 9-10; B Ellig, Executive Compensation: A Total Pay Perspective (1982) 20-4; Rehnert, supra n 5, 1149, 1157; Clyne, supra n 9, 6; e Baiman, supra n 15, 345.

[19] Mesmo que tal não chegue ao ponto de ameaçar financeiramente a empresa. Cf. Ramsay, "The Corporate Governance Debate", supra n.º 4, 6; e Hanrahan, Ramsay e Stapledon, supra n.º 4, 123.

[20] Cf. Michael Jensen e Kevin Murphy, "Performance Pay and Top-Management Incentives" (1990) 98 Journal of Political Economy 225.

[21] Ver geralmente Godfrey, Hodgson e Holmes, acima n 13, 262-5; e Godfrey et al, acima n 11, 236-40.

B Remuneração baseada no desempenho como um potencial mecanismo de alinhamento de interesses

Sendo eles próprios maximizadores de utilidade potencialmente racionais e interessados em si próprios, os acionistas prevêem que os gestores possam agir de uma forma interessada em si próprios que seja inconsistente com os interesses dos acionistas.[22] Por conseguinte, é de esperar que os acionistas ajam para preservar os seus próprios interesses.[23] Por exemplo, Simunic e Stein argumentam que os gestores que não aplicam medidas que parecem alinhar os seus interesses com os dos acionistas podem receber um salário inferior ao que receberiam se essas medidas fossem introduzidas.[24] Os gestores instituem, por conseguinte, esses "mecanismos de ligação" a fim de preservar os seus próprios interesses,[25] e um desses mecanismos é a remuneração baseada no desempenho.[26]

A remuneração baseada no desempenho procura, em teoria, alinhar os interesses dos

---

[22] Cf. Kyungho Kim e Douglas Schroeder, "Analysts' Use of Managerial Bonus Incentives In Forecasting Earnings" (1990) 13 *Journal of Accounting and Economics* 3.

[23] O "shirking" de gestão é difícil de controlar pelos mercados de trabalho porque a separação entre propriedade e gestão, que torna o shirking viável, também dificulta a sua deteção. Ver, por exemplo, Michael Jensen e Jerold Zimmerman, "Managerial Compensation and the Managerial Labor Market" (1985) 7 *Journal of Accounting and Economics* 3; A Raviv, "Management Compensation and the Managerial Labour Market: An Overview" (1985) 9 *Journal of Accounting and Economics* 239.

[24] Dan Simunic e Michael Stein, "On the Economics of Product Differentiation in Auditing" (documento apresentado no 7th Touche Ross Auditing Symposium, Universidade do Kansas, 1986) 85. Vale a pena notar que os diretores não têm um direito *prima facie* à remuneração. Ver, por exemplo, *Hutton v West York Railway Co* (1883) 23 Ch D 654, 672 (Bowen LJ) ("*Hutton*"); *Guinness Plc v Saunders* [1990] 2 AC 663, 689-90 (Lord Templeman); *Re George Newman & Co* [1895] 1 Ch 674, 686 (Lindley LJ); *Sali v SPC* (1991) 9 ACLC 1511, 1520 (Ormiston J); e Jennifer Hill, "'What Reward Have Ye?" Disclosure of Diretor and Executive Remuneration in Australia" (1996) 14 *Company and Securities Law Journal* 232, 234.

[25] Ver geralmente L Telser, "A Theory of Self-Enforcing Agreements" (1980) 53 *Journal of Business* 27. Mark Beasley, "An Empirical Analysis of the Relation Between the Board of Diretor Composition and Financial Statement Fraud" (1996) 71(4) *Accounting Review* 443, 446; e S Grossman e O Hart, "Takeover Bids, The Free-Rider Problem and the Theory of the Corporation" (1980) 2 *Bell Journal of Economics* 42 referem que os custos marginais do controlo da gestão por parte dos acionistas podem ultrapassar os benefícios marginais, em especial para os acionistas cujas participações não são suficientemente grandes.

[26] S Sklivas, "The Strategic Choice of Managerial Incentives" (1987) 18 *Rand Journal of Economics* 452; C Fershtman e K Judd, "Equilibrium Incentives In Oligopoly" (Documento de trabalho, J L Kellogg Graduate School of Management, Northwestern University, 1984); C Fershtman e K Judd, "Strategic Incentive To Manipulation In Rivalrous Agency" (Documento de Trabalho, Institute For Mathematical Studies In the Social Sciences, Universidade de Stanford, 1986); C Fershtman, K Judd e E Kalai, "Cooperation Through Delegation" (Documento de Trabalho, J L Kellogg Graduate School of Management, Northwestern University, 1987).

gestores e dos acionistas, associando a utilidade da gestão ao desempenho da empresa.[27] Com a remuneração por desempenho, o desempenho da empresa influencia diretamente a remuneração. Por conseguinte, a remuneração por incentivos faz com que os gestores tenham todo o interesse em minimizar a "fuga ao trabalho" e em maximizar os seus esforços para aumentar a riqueza da empresa. A remuneração pelo desempenho pode assumir a forma de dinheiro, acções, warrants ou combinações destes.[28]

C O papel que os números contabilísticos podem desempenhar na remuneração com base no desempenho

Os números contabilísticos podem desempenhar um papel importante nos acordos de remuneração baseados no desempenho, ou "planos de bónus".[29] O desempenho dos gestores não é normalmente medido apenas pela variação do valor das acções de uma empresa, embora essas variações tenham claramente um impacto na riqueza dos acionistas.[30] Os preços das acções podem ser influenciados por factores económicos e

---

[27] Michael Jensen e Kevin Murphy, "CEO Incentives: It's Not How Much You Pay, But How" (1990) 68(3) *Harvard Business Review* 138; A Coughlan e R Schmidt, "Executive Compensation, Management Turnover, and Firm Performance: An Empirical Investigation" (1985) 7 *Journal of Accounting and Economics* 43; e Clyne, acima n 9, 6. Para visões alternativas da remuneração baseada no desempenho, ver, por exemplo, Charles Yablon, "Bonus Questions: Executive Compensation In the Era of Pay For Performance" (1999) 75 *Notre Dame Law Review* 271; Geof Stapledon, "The Pay For Performance Dilemma" (2004) 13 *Griffith Law Review* 57; Yablon e Hill, supra n 7; e Hill e Yablon, supra n 8.

[28] Ver Clifford Smith Jr e Ross Watts, "Incentive and Tax Effects of Executive Compensation Plans" (1982) 7 *Australian Journal of Management* 139, 141-2; Rehnert, supra n 5, 1178-9; e Vagts, supra n 3, 243. Os warrants são opções emitidas por uma empresa sobre as suas próprias acções.

[29] Ver Ross Watts e Jerold Zimmerman, "Positive Accounting Theory: A Ten Year Perspective" (1990) 65 *Accounting Review* 208, 208; C Ittner, D Larcker e M Rajan, "The Choice of Performance Measures In Annual Bonus Contracts" (1997) 72 *Accounting Review* 231; e J Gaver, K Gaver e J Austin, "Additional Evidence On Bonus Plans and Income Management" (1995) 19 *Journal of Accounting and Economics* 3.

[30] Ver, em geral, R Sloan, "Accounting Earnings and Top Executive Compensation" (1993) 16 *Journal of Accounting and Economics* 55; R Banker e S Datar, "Sensitivity, Precision and Linear Aggregation of Signals For Performance Evaluation" (1989) 27 *Journal of Accounting Research* 21; O Kim e Y Suh, "Incentive Efficiency of Compensation Based On Accounting and Market Performance" (1993) 16 *Journal of Accounting and Economics* 25; R Bushman e R Indjejikian, "Accounting Income, Stock Price and Managerial Compensation" (1993) 16 *Journal of Accounting and Economics* 3; e M Lawriwsky e S Leung, "Employee Share Plans: Motivation and Performance Consequences" (documento apresentado na Conferência da Associação Australiana e Neozelandesa de Educadores de Gestão, Gold Coast, dezembro de 1991).

sectoriais[31] e pelas acções dos concorrentes,[32] sobre os quais os gestores podem ter pouco ou nenhum controlo.[33]

É de esperar que o desempenho de uma empresa, tal como consta das suas demonstrações financeiras, seja utilizado em acordos de remuneração pelo desempenho[34] porque a produção de informação financeira é dispendiosa. A compreensão de todos os dados necessários para criar os valores contabilísticos finais exige muito tempo e esforço.[35] As empresas cotadas (ou seja, as empresas em que a separação entre propriedade e gestão é mais pronunciada)[36] são legalmente obrigadas a produzir um conjunto de demonstrações financeiras.[37]

Estas demonstrações financeiras podem ser utilizadas para determinar o desempenho de uma empresa para efeitos de remuneração pelo desempenho,[38] evitando custos consideráveis na produção de um conjunto separado de valores apenas para este fim.[39] O Corporations Act 2001 (Cth) exige que as demonstrações financeiras das empresas cotadas sejam objeto de auditoria.[40] Juntamente com o custo e o esforço consideráveis envolvidos na análise destas declarações e na "revelação" dos seus números,[41] isto significa que os números comunicados têm sido, na sua maioria,

---

[31] R Kaplan e A Atkinson, *Advanced Management Accounting* (2nd ed, 1989) 723; V Brudney e M Chirelstein, *Corporate Finance* (2nd ed, 1979) 1153.

[32] Ver G Foster, "Intra-Industry Information Transfers Associated with Earnings Releases" (1981) 4 *Journal of Accounting and Economics* 201; G Clinch e N Sinclair, "Intra-Industry Information Releases: A Recursive Systems Approach" (1987) 9 *Journal of Accounting and Economics* 89; e R Freeman e S Tse, "Intercompany Information Transfers" (1992) 15 *Journal of Accounting and Economics* 509.

[33] Sloan, acima n 30, 7.

[34] Ver, por exemplo, Rehnert, acima n 5, 1151; Clyne, acima n 9, 23; e Smith e Watts, acima n 28, 141, 149-50.

[35] Godfrey et al, acima n 11, 235; e Godfrey, Hodgson e Holmes, acima n 13, 260.

[36] Rehnert, acima n 5, 1163.

[37] Nos termos da Corporations Act 2001 (Cth) ss 111AC(1), 111AE(1), 286(1) e 292.

[38] Ross Watts e Jerold Zimmerman, Positive Accounting Theory (1986) 208.

[39] Ver Godfrey et al, supra n 11, 235; e Godfrey, Hodgson e Holmes, supra n 13, 260.

[40] Corporations Act 2001 (Cth) ss 301(1) e 302. Cf. E Hirst, "Auditors' Sensitivity to Earnings Management" (1994) 11 Contemporary Accounting Research 405.

[41] Cf. S Liberty e J Zimmerman, "Labour Union Contract Negotiations and Accounting Choices" (1986) 61 Accounting Review 692; Linda DeAngelo, "Managerial Competition, Information Costs and Corporate Governance: The Use of Accounting Performance Measures In Proxy Contests" (1988) 10 Journal of Accounting and Economics 3; e Linda DeAngelo, "Accounting Numbers As Market Valuation Substitutes: A Study of Management Buyouts of Public Stockholders" (1986) 61 Accounting Review 400.

utilizados inalterados para efeitos de planos de bónus,[42] mesmo com o envolvimento de comités de remuneração.[43]

[42] Ver P Healy, S Kang e K Palepu, "The Effect of Accounting Procedure Changes On CEO's Cash Salary and Bonus Compensation" (1987) 9 *Journal of Accounting and Economics* 7.

[43] Jayne Godfrey e Sasono Adi, "Determinants of Income Smoothing" (1999) 6(2) *Asia-Pacific Journal of Accounting* 275, 277. Cf. Smith e Watts, supra n 28, 150. Sobre a composição do conselho de administração, ver, por exemplo, Ken Peasnell, Peter Pope e Steven Young, "Outside Diretors, Board Effectiveness and Abnormal Accruals" (Documento de Trabalho, Departamento de Contabilidade e Finanças, Universidade de Lancaster, 1998); Ken Peasnell, Peter Pope e Steven Young, "Accrual Management To Meet Earnings Targets: Did Cadbury Make a Difference?" (Documento de Trabalho, Departamento de Contabilidade e Finanças, Universidade de Lancaster, 1999); T Warfield, J Wild e K Wild, "Managerial Ownership, Accounting Choices and Informativeness of Earnings" (1995) 20 *Journal of Accounting and Economics* 61; e April Klein, "Audit Committee, Board of Diretor Characteristics and Earnings Management" (Documento de Trabalho, Departamento de Contabilidade, Universidade de Nova Iorque, 2000).

CAPÍTULO 3

Gestão de resultados

A A *hipótese do "plano de bónus*

A utilização de números contabilísticos para determinar o desempenho da empresa para efeitos de remuneração com base no desempenho significa que o montante dessa remuneração pode ser potencialmente aumentado através da "gestão" dos números contabilísticos, de modo a que as demonstrações financeiras da empresa sugiram um bom desempenho da empresa.[44] Se tudo o resto se mantiver igual, é de esperar que a "gestão" dos números envolva menos esforço do que o aumento efetivo da riqueza da empresa para provocar uma mudança positiva nos valores das demonstrações financeiras.[45]

Tendo em conta a realidade do interesse próprio dos gestores, a noção de que se poderia esperar que os gestores "gerissem" os números para aumentar o seu rendimento não deveria ser surpreendente. De facto, Healy documentou uma relação estatisticamente significativa, em geral, entre a presença de remuneração baseada no desempenho e a utilização de tratamentos contabilísticos que, na sua maioria, aumentam o lucro declarado da empresa.[46] Esta "hipótese do plano de bónus" é agora considerada tão bem estabelecida que são necessários *mais* 46 estudos com resultados *insignificantes* para que o seu poder explicativo extremamente elevado seja descontado.[47]

---

[44] Ver, por exemplo, L Gomez-Mejia, H Tsoi e T Hinken, "Managerial Control, Performance and Executive Compensation" [1987] *Academy of Management Journal* 51; Ramsay, "Diretors and Officers' Remuneration", supra n 5, 359; Yablon e Hill, supra n 7, 86; Hill e Yablon, supra n 8, 317; Yablon, "Bonus Questions", supra n 27, 299; e Rehnert, supra n 5, 1158.

[45] Ver, por exemplo, Merton Miller e Myron Scholes, "Executive Compensation, Taxes and Incentives" em W Sharpe e C Cootner (eds), *Financial Economics: Essays In Honor of Paul Cootner* (1980) 170; Bengt Holmstrom, "Managerial Incentive Problems" in Swedish School of Economics (ed), *Essays In Economics and Management In Honour of Lars Wahlbeck* (1982) 209; e W Llewellen, C Loderer e K Martin, "Executive Compensation and Executive Incentive Problems: An Empirical Analysis" (1987) 9 *Journal of Accounting and Economics* 287.

[46] Paul Healy, "The Effect of Bonus Schemes On Accounting Decisions" (1985) 7 *Journal of Accounting and Economics* 85.

[47] Christie, supra n 13, 25. Para investigação consistente com a "hipótese do plano de bónus", ver, por exemplo, Mark Zmijewski e Robert Hagerman, "An Income Strategy Approach To the Positive Theory of Accounting

B A Natureza Contingente dos Números Contabilísticos

A "gestão dos resultados" através da gestão dos valores contabilísticos é possível e, na sua maior parte, legal devido à fluidez dos números contabilísticos.[48] A contabilidade cria uma realidade "contingente" e não natural.[49] O que isto implica é melhor ilustrado por um exemplo.

Imagine uma esplanada vibrante. Agora, compare-a com as realidades físicas de uma empresa: os seus activos, as transacções reais e o ambiente comercial. Imaginem a contabilidade como uma "caixa negra" com muitas lentes coloridas que têm de ser observadas para se ver a esplanada.[50] Cada "lente" representa um método ou tratamento contabilístico que é coerente com os princípios contabilísticos geralmente aceites.[51] A

Standard Setting/Choice" (1981) 3 *Journal of Accounting and Economics* 129; Ross Watts e Jerold Zimmerman, "Towards a Positive Theory of the Determination of Accounting Standards" (1978) 53 *Accounting Review* 112; Robert Hagerman e Mark Zmijewski, "Some Economic Determinants of Accounting Policy Choice" (1979) 1 *Journal of Accounting and Economics* 141; S Lilien e V Pastena, "Determinants of Intramethod Choice In the Oil and Gas Industry" (1983) 5 *Journal of Accounting and Economics* 145; D Dhaliwal, "The Effect of the Firm's Capital Structure On the Choice of Accounting Methods" (1980) 55 *Accounting Review* 78; L Daley e R Vigeland, "The Effects of Debt Covenants and Political Costs On the Choice of Accounting Methods: The Case of Accounting For R&D Costs" (1985) 5 *Journal of Accounting and Economics* 195; D Dhaliwal, G Salamon e E Smith, "The Effect of Owner Versus Management Control On the Choice of Accounting Methods" (1982) 4 *Journal of Accounting and Economics* 41; Robert Holthausen et al, "Annual Bonus Schemes and the Manipulation of Earnings" (1995) 19 *Journal of Accounting and Economics* 29; Michael Weisbach, "Outside Diretors and CEO Turnover" (1988) 20 *Journal of Financial Economics* 431; e Robert Bowen, Eric Noreen e John Lacey, "Determinants of the Corporate Decision To Capitalise Interest" (1981) 3 *Journal of Accounting and Economics* 151. Os comités de compensação não têm necessariamente a possibilidade contratual de reter os pagamentos dos planos de bónus. Ver, por exemplo, Watts e Zimmerman, *Positive Accounting Theory*, supra n 38, 205, 207-8; Godfrey, Hodgson e Holmes, supra n 13, 283-4; Godfrey e Adi, supra n 43, 277; e Godfrey et al, supra n 11, 253-4.

[48] Ver, por exemplo, Mark Blair e Ian Ramsay, 'Mandatory Corporate Disclosure Rules and Securities Regulation' em G Walker, B Fisse e I Ramsay (eds), *Securities Regulation In Australia and New Zealand* (2nd ed, 1998) 264, 282; e Gregory Rowland, 'Earnings Management, the SEC, and Corporate Governance: Diretor Liability Arising From the Audit Committee Report" (2002) 102 *Columbia Law Review* 168, 169.

[49] Ver especialmente T Tinker, *Paper Prophets: A Social Critique of Accounting* (1985).

[50] Esta analogia baseia-se em E Brunswik, *The Conceptual Framework of Psychology* (1952); R Ashton, *Human Information Processing In Accounting: Studies In Accounting Research* (1982); R Libby, *Human Information Processing: Theory and Applications* (1981); R Ashton, 'Human Information Processing Research In Auditing: A Review and Synthesis" em D Nichols e H Stettler (eds), *Auditing Symposium* (1982) 80; e R Libby e B Lewis, "Human Information Processing Research In Accounting: The State of the Art" (1977) 2(3) *Accounting, Organizations and Society* 245.

[51] Cf. Frank Clarke, 'Creative Accounting: Standards Compliance and Absent Spirits" (1988) 59 *Chartered Accountant in Australia* 64; Healy, acima n 46, 89; e Watts e Zimmerman, *Positive Accounting Theory*, acima n 38, 204-5,. 207.

forma como se vê a esplanada depende da lente ou lentes através das quais se olha. Do mesmo modo, a forma como o valor monetário dos activos de uma empresa e a rendibilidade das suas actividades são relatados nas demonstrações financeiras depende dos métodos ou tratamentos contabilísticos profissionalmente aceites que são utilizados para construir as demonstrações.[52] A escolha entre esses tratamentos não implica necessariamente qualquer falsificação ou comportamento que possa ser considerado como uma "farsa".[53]

O lucro contabilístico de uma empresa pode ser "gerido" de várias formas sem alterar a "realidade" subjacente dessa empresa. Desde que os requisitos da Norma Australiana de Contabilidade AASB 108 sejam cumpridos, uma forma pela qual o lucro pode ser gerido é mudar de um tratamento contabilístico aceitável para outro.[54] Com a inflação (e com todas as outras coisas a serem iguais), o inventário que é comprado mais tarde no tempo será mais caro do que o inventário que é comprado mais cedo no tempo. Se as existências no final do exercício forem avaliadas com base no facto de as existências da empresa serem vendidas pela ordem em que são adquiridas (ou seja, "primeiro a entrar, primeiro a sair"), o custo (comunicado) para a empresa das existências que vendeu será inferior ao que seria se o custo das existências vendidas fosse calculado como uma média do preço pago pelas existências no início e no final do ano.[55] Isto traria um aumento relativo no lucro da empresa tal como relatado nas

---

[52] Ver, por exemplo, Trevor Johnston, Martin Jager e Reginald Taylor, The Law and Practice of Company *Accounting In Australia* (6th ed, 1987) 156-7; Peter Jubb e Stephen Haswell, *Company Accounting* (1993) 20; R Gibson, *Disclosure By Australian Companies* (1971) 3-4; Fred Phillips, 'Auditor Attention To and Judgments of Aggressive Financial Reporting' (1999) 37(1) *Journal of Accounting Research* 167, 168; Louis Lowenstein, 'Financial Transparency and Corporate Governance: The United States As a Model?" em Charles Rickett e Ross Grantham (eds), *Corporate Personality In the 20th Century* (1998) 279, 284-5; e J Kennedy, D Kleinmuntz e M Peecher, "Determinants of the Justifiability of Performance In Ill-Structured Audit Tasks" (1997) 35 *Journal of Accounting Research* 105, 105.

[53] Ver, por exemplo, Franklin Gevurtz, "Earnings Management and the Business Judgment Rule: An Essay on Recent Corporate Scandals" (2004) 30 *William Mitchell Law Review* 1261, 1274; e Rowland, acima n 48, 169. Sobre o que constitui tal conduta, ver especialmente *Snook v London & West Riding Investments Ltd* [1967] 2 QB 786, 802 (Diplock LJ).

[54] Ver, em geral, Joshua Ronen e Simcha Sadan, *Smoothing Income Numbers: Objectives, Means and Implications* (1981); e M DeFond e C Park, "Smoothing Income in Anticipation of Future Earnings" (1997) 19 *Journal of Accounting and Economics* 29.

[55] Gary Biddle, "Accounting Methods and Management Decisions: The Case of Inventory Costing and Inventory Policy" (1980) 18 *Journal of Accounting Research* 235; A Abdel-khalik, "The Effect of LIFO-

suas demonstrações financeiras. Uma mudança no método de depreciação dos activos fixos da empresa, que reduza as despesas anuais de depreciação da empresa, também provocará um aumento relativo no lucro reportado.[56]

O lucro contabilístico de uma empresa também pode ser gerido através da utilização e classificação de itens discricionários e acréscimos.[57] A redução da provisão para dívidas de cobrança duvidosa é um exemplo do primeiro caso.[58] No que diz respeito à classificação, as medidas de desempenho contabilístico que são utilizadas nos planos de bónus têm sido frequentemente calculadas com base no "lucro operacional".[59] Antes da introdução da *Norma Australiana de Contabilidade AASB 101,* os ganhos e perdas "extraordinários" não eram tidos em conta na determinação do lucro operacional, uma vez que tais ganhos e perdas não eram considerados como resultantes das operações normais da empresa.[60] A discrição gerencial desempenha um papel na decisão sobre se um determinado item deve ser classificado como "extraordinário", por exemplo, na delineação do âmbito das operações ordinárias do negócio.[61]

Switching and Firm Ownership on Executives' Pay" (1985) 23 *Journal of Accounting Research* 447; e Healy, supra n 46, 85, 89.

[56] Robert Holthausen, "Evidence on the Effect of Bond Covenants and Management Compensation Contracts on the Choice of Accounting Techniques: The Case of the Depreciation Switch-Back" (1981) 3 *Journal of Accounting and Economics* 73; e Healy, supra n 46, 85, 89.

[57] Ver especialmente Mark DeFond e K Subramanyam, "Auditor Changes and Discretionary Accruals" (1998) 25 *Journal of Accounting and Economics* 35, 63; Connie Becker et al, "The Effect of Audit Quality On Earnings Management" (1998) 15(1) *Contemporary Accounting Research* 1, 6-7; Jennifer Jones, "Earnings Management During Import Relief Investigations" (1991) 29 *Journal of Accounting Research* 193; M DeFond e J Jiambalvo, "Debt Covenant Violation and Manipulation of Accruals" (1994) 17 *Journal of Accounting and Economics* 145; K Subramanyam, "The Pricing of Discretionary Accruals" (1996) 22 *Journal of Accounting and Economics* 249; Yablon e Hill, supra n 7, 86; e W Guay, S Kothari e R Watts, "A Market-Based Evaluation of Discretionary-Accrual Models" (1996) 34 *Journal of Accounting Research* 83.

[58] Ver especialmente M McNichols e G Wilson, "Evidence of Earnings Management from the Provision for Bad Debts" (1988) 26 *Journal of Accounting Research* 1; e Becker et al, supra n 57, 19.

[59] Smith e Watts, supra n 28, 141; e Healy, supra n 46, 93-4.

[60] Segundo a *norma contabilística australiana AASB 1018.* Ver Johnston, Jager e Taylor, acima n 52, 211-2; e Jubb e Haswell, acima n 52, 165. Sobre o estatuto jurídico das *normas contabilísticas,* ver *Corporations Act 2001* (Cth) ss 296, 304, 334, 337 e 338. Ver ainda *QBE Insurance Group Ltd v Australian Securities Commission* (1992) 38 FCR 270 ("*QBE*"); e W McGregor, "New ARSB Approved Accounting Standards: Legal Backing for the Profession's Standards!" (1985) 56(6) *Chartered Accountant in Australia* 27. A *Norma Australiana de Contabilidade AASB 101* proíbe especificamente a apresentação de quaisquer itens de rendimento ou de gasto como itens extraordinários.

[61] Ver especialmente J Ryan, C Heazlewood e B Andrew, *Australian Company Financial Reporting: 1980* (1980) 27; e Russell Craig e Paul Walsh, "Adjustments for "Extraordinary Items" In Smoothing Reported

Ao exercerem o seu poder discricionário em matéria contabilística, os gestores podem, por conseguinte, influenciar o nível da sua remuneração quando estão sujeitos a uma remuneração baseada no desempenho. A utilização de números contabilísticos pré-existentes e os desincentivos para "desvendar" ou modificar esses números para efeitos de planos de bónus já foram discutidos anteriormente. Os acordos de remuneração pelo desempenho que se baseiam, no todo ou em parte, nos movimentos do preço das acções da empresa podem ainda criar um incentivo para a "gestão" dos números contabilísticos, uma vez que a investigação demonstrou que os números contabilísticos comunicados podem ter um impacto no preço das acções de uma empresa.[62]

Profits of Listed Australian Companies: Some Empirical Evidence" (1989) 16(2) *Journal of Business Finance and Accounting* 229, 232.

[62] Ver, por exemplo, Ray Ball e Philip Brown, "An Empirical Evaluation of Accounting Income Numbers" (1968) 6(2) *Journal of Accounting Research* 159; Philip Brown, "The Impact of the Annual Net Profit Report On the Stock Market" [1970] *Australian Accountant* 273; Peter Easton, "The Stockmarket's Perception of Accounting Information" (1991) 1(1) *Australian Accounting Review* 20; G Foster, "Quarterly Accounting Data: Time-Series Properties and Predictive-Ability Results" (1975) 50 *Accounting Review* 686; S Easton e N Sinclair, "The Impact of Unexpected Earnings and Dividends On Abnormal Returns To Equity" (1989) 29 *Accounting and Finance* 1; W Beaver, R Clarke e Wright, "The Association Between Unsystematic Security Returns and the Magnitude of Earnings Forecast Errors" (1979) 17 *Journal of Accounting Research* 316; W Beaver, R Lambert e D Morse, "The Information Content of Security Prices" (1980) 2 *Journal of Accounting and Economics* 3; Peter Easton e Mark Zmijewski, "CrossSectional Variation In the Stock Market Response To Accounting Earnings Announcements" (1989) 11 *Journal of Accounting and Economics* 117; G Benston, "The Self-Serving Management Hypothesis: Some Evidence" (1985) 7 *Journal of Accounting and Economics* 67; R Freeman, "The Association Between Accounting Earnings and Security Returns For Large and Small Firms" (1987) 9 *Journal of Accounting and Economics* 57; R Atiase, "Pre-Disclosure Information, Firm Capitalization and Security Price Behaviour Around Earnings Announcements" (1985) 23 *Journal of Accounting Research* 57; D Shores, "The Association Between Interim Information and Security Returns Surrounding Earnings Announcements" (1990) 28(1) *Journal of Accounting Research* 57; P Brown e J Kennelly, "The Informational Content of Quarterly Earnings: An Extension and Some Further Evidence" (1972) 45 *Journal of Business* 403; J Patell e M Wolfson, "The Intraday Speed of Adjustment Stock Prices To Earnings and Dividend Announcements" (1984) 13 *Journal of Financial Economics* 222; J Francis, D Pagach e J Stephan, "The Stock Market Response To Earnings Announcements Released During Trading Versus Nontrading Periods" (1992) 30(2) *Journal of Accounting Research* 165; A Ali e P Zarowin, "Annual Earnings and Estimation Error In ERCs" (1992) 14 *Journal of Accounting and Economics* 249; S Choi e D Jeter, "The Effects of Qualified Audit Opinions On Earnings Response Coefficients" (1992) 14 *Journal of Accounting and Economics* 230; W Beaver, "The Information Content of Annual Earnings Announcements" (1968) 6 *Journal of Accounting Research* 67; J Patell e M Wolfson, "Anticipated Information Releases Reflected In Call Option Prices" (1979) 1 *Journal of Accounting and Economics* 117; J Patell e M Wolfson, "The *Ex Ante* and *Ex Post* Price Effects of Quarterly Earnings Announcements Reflected In Option and Stock Prices" (1981) 19 *Journal of Accounting Research* 434; P Brown, F Finn e P Hancock, "Dividend Changes, Earnings Reports

and Share Prices: Some Australian Findings" (1977) 2 *Australian Journal of Management* 127; R Bowen, D Burgstahler e L Daley, "The Incremental Information Content of Accrual Versus Cash Flows" (1987) 62 *Accounting Review* 723; Peter Easton, "Accounting Earnings and Security Valuation: Empirical Evidence of the Fundamental Links" (1985) 23 *Journal of Accounting Research* 54; J Rayburn, "The Association of Operating Cash Flow and Accruals with Security Returns" (1986) 24 *Journal of Accounting Research* 112; J Jennings, "A Note On Interpreting Incremental Information Content" (1990) 65 *Accounting Review* 925; e E Grant, "Market Implications of Differential Amounts of Interim Information" (1980) 18 *Journal of Accounting Research* 255. Ver, em geral, Baruch Lev, "On the Usefulness of Earnings and Earnings Research: Lessons and Diretions From Two Decades of Empirical Research" (1989) 27 *Journal of Accounting Research* 1; Jeffrey Gordon, "What Enron Means For the Management and Control of the Modern Business Corporation: Some Initial Reflections" (2002) 69 *University of Chicago Law Review* 1233; Anthony Catanach Jr e Shelley Rhoades-Catanach, "Enron: A Financial Reporting Failure?" (2003) 48 *Villanova Law Review* 1057; e N Strong, "The Relation Between Returns and Earnings: Evidence For the UK" (1993) 24 *Accounting and Business Research* 93.

CAPÍTULO 4

Evidência empírica australiana

A Planos de bónus australianos

Vários estudos investigaram a incidência dos planos de bónus na Austrália. Defina, Harris e Ramsay examinaram a relação entre remuneração e desempenho em 1990, utilizando 89 das 136 maiores empresas australianas, e não encontraram qualquer correlação entre remuneração e níveis de desempenho.[63] Izan, Sidhu e Taylor estudaram uma amostra de 99 empresas de 1987 a 1992 e não encontraram provas de uma relação entre a remuneração do diretor executivo e o desempenho da empresa.[64]

No entanto, Matolcsy salienta que a prevalência da remuneração baseada no desempenho não é estável ao longo do tempo, mas depende do ciclo económico, observando que não existe uma relação observável entre remuneração e desempenho durante os períodos de recessão económica, mas que existe uma relação positiva entre remuneração e desempenho durante os períodos de crescimento económico.[65] Esta constatação pode explicar os resultados observados por Defina, Harris e Ramsay[66] e Izan, Sidhu e Taylor,[67] cujas amostras foram recolhidas num período de recessão e num período de "aterragem suave, recessão e recuperação estável".[68]

---

[63] Andrew Defina, Thomas Harris e Ian Ramsay, "What Is Reasonable Remuneration For Corporate Officers? An Empirical Investigation into the Relationship between Pay and Performance in the Largest Australian Companies" (1994) 12 Company and Securities Law Journal 341. Em rigor, a utilização de um período de um ano é problemática, porque a remuneração baseada no desempenho está relacionada com a forma como a remuneração muda à medida que o desempenho muda. Essas alterações não podem ser determinadas a partir de dados relativos a apenas um ano. Ver Tod Perry e Marc Zenner, "CEO Compensation in the 1990s: Shareholder Alignment or Shareholder Expropriation?" (2000) 35 *Wake Forest Law Review* 123, 132-3.

[64] H Izan, Baljit Sidhu e Stephen Taylor, "Does CEO Pay Reflect Performance? Some Australian Evidence" (1998) 6(1) *Corporate Governance: An International Review* 39.

[65] Zoltan Matolcsy, "Executive Cash Compensation and Corporate Performance during Different Economic Cycles" (2000) 17(4) *Contemporary Accounting Research* 671.

[66] Os próprios Defina, Harris e Ramsay, acima n 63, 349 admitem que o seu estudo não nega "a existência de (...) planos de bónus que ligam a remuneração aos (...) resultados contabilísticos". Para outras deficiências deste estudo, ver Izan, Sidhu e Taylor, acima n 64, 39-40.

[67] Izan, Sidhu e Taylor, acima n 64.

[68] Matolcsy e Wright, abaixo n 69, 15. Cf. R Evans e T Stromback, "Australian Executive Remuneration: Evidence On Structure and Accounting Determinants" (1994) 2(1) *Asian Review of Accounting* 22; J Coulton e S Taylor, "Option Awards For Australian CEOs: The Who, What and Why" (2002) 12(1) *Australian Accounting Review* 25; Graham O'Neill e Mark Iob, "Determinants of Executive Remuneration In Australian

Um estudo recente realizado por Matolcsy e Wright revela alguns indícios da utilização da remuneração baseada no desempenho entre as empresas com acções cotadas na Bolsa de Valores australiana, pelo menos no que diz respeito aos seus administradores e aos cinco quadros mais bem remunerados.[69] Embora a composição exacta dos planos de bónus possa variar de empresa para empresa, de sector para sector e de empresa para empresa, Deegan observou que os números contabilísticos desempenham um papel na determinação do desempenho da empresa para efeitos de remuneração baseada no desempenho.[70]

B Plano de bónus Hipótese Comportamento na Austrália

A evidência australiana é consistente com a hipótese do plano de bónus desenvolvida por Healy,[71] , nomeadamente que se pode esperar que os gestores adoptem, em geral, tratamentos contabilísticos que, na sua maioria, aumentam o lucro reportado da empresa quando estão sujeitos a uma remuneração baseada no

Organisations: An Exploratory Study" (1999) 37(1) *Asia Pacific Journal of Human Resources* 65; e G Fleming e G Stellios, "CEO Compensation, Managerial Agency and Boards of Diretors In Australia" (2002) 15(2) *Accounting Research Journal* 126. A incapacidade de detetar, nas palavras de Stapledon, "Pay For Performance", supra n 27, 63, uma "relação consistente e estatisticamente significativa" entre remuneração e desempenho sugere apenas que os planos de bónus não são, em geral, utilizados pelas empresas estudadas durante o período do estudo. Por conseguinte, não exclui a existência de acordos de remuneração pelo desempenho em grupos de empresas ou empresas individuais.

[69] Zoltan Matolcsy e Anna Wright, "The Relation between the Structure of CEO Pay and Firm Performance: The Australian Evidence" (Working Paper, School of Accounting, University of Technology, Sydney, 2004), um estudo aparentemente ignorado por Stapledon, "Pay for Performance", supra n 27, 63. Para outras provas da utilização da remuneração baseada no desempenho na Austrália, ver, por exemplo, Greg Whittred, Ian Zimmer e Stephen Taylor, *Financial Accounting: Incentive Effects and Economic Consequences* (4th ed, 1996) 43; Greg Whittred e Ian Zimmer, *Financial Accounting: Incentive Effects and Economic Consequences* (3rd ed, 1992) 33; Margaret Lyons, "Executive Pay: How Much Is Too Much? [1995] 3 *Australian Business Monthly* 60, 62; A Sampson, "Executive Salaries: Paying Their Way?" [1992] 10 *Australian Business Monthly* 60, 60-70; Hay Group, *Survey of Short Term Incentive Plan Practice* (1991) 17; Chandler and Macleod Consultants Pty Ltd, *Report On Salaries and Executive Remuneration: Chief Executive and General Management* (1981) 27; Hay Group, *Handbook On Compensation and Benefits Planning In Australia* (1989); Australian Institute of Management, *National Salary Survey: Australian Salaries, Wages and Benefits 1991* (1991); Chandler and Macleod Consultants Pty Ltd, *Report On Salaries and Executive Remuneration* (1978); e Smith and Watts, supra n 28, 140.

[70] Craig Deegan, "A Review of Australian Management Remuneration Plans: The Aims; The Components; The Potential Limitations" (1994) 7(1) *Accounting Research Journal* 20, *27-8,* 30. Ver também Smith e Watts, supra n 28, 140.

[71] Healy, supra n 46.

desempenho. Godfrey e Adi e Godfrey e Jones documentaram que a remuneração dos gestores tem um impacto nas escolhas contabilísticas adoptadas por uma empresa e, em particular, nas decisões relativas aos acréscimos discricionários.[72] Walsh, Craig e Clarke salientam que os itens extraordinários que aparecem nas demonstrações de resultados das empresas australianas têm sido predominantemente de natureza negativa, o que significa que tem havido uma tendência para classificar as perdas como extraordinárias.[73] Por outro lado, Hoffman e Zimmer revelam que as empresas com diretores executivos altamente remunerados ("CEOs") têm sido mais propensas a classificar os ganhos como operacionais, em vez de extraordinários.[74]

O que precede é consistente com o comportamento previsto pela hipótese do plano de bónus, tendo em conta que Smith e Watts observaram que as medidas contabilísticas utilizadas nos planos de bónus na Austrália se baseiam frequentemente no lucro operacional (em vez de no lucro operacional após extraordinários),[75] e que Easton, Eddey e Harris demonstraram que, como seria de esperar, os gestores na Austrália agem de forma consistente com o seu próprio interesse.[76] Nas palavras de Hoffman e Zimmer:

> [Os regimes de remuneração ... normalmente em vigor ... proporcionam incentivos para gerir os resultados ... tais contratos são ... em ... resultados operacionais e não totais ... proporcionando] incentivos para classificar as perdas como extraordinárias e não operacionais. . [A remuneração

---

[72] Godfrey e Adi, acima n 43; J Godfrey e K Jones, "Political Cost Influences On Income Smoothing Via Extraordinary Item Classification" (Documento de Trabalho, Universidade da Tasmânia, 1998). A utilização e a classificação dos acréscimos discricionários para efeitos de gestão do lucro contabilístico declarado de uma empresa já foram discutidas anteriormente.

[73] Paul Walsh, Russell Craig e Frank Clarke, "'Big Bath Accounting" Using Extraordinary Items Adjustments: Australian Empirical Evidence" (1991) 18(2) Journal of Business Finance and Accounting 173, 182-4. *A Norma Australiana de Contabilidade AASB 101* proíbe agora especificamente a classificação de quaisquer itens de rendimento ou de gasto como itens extraordinários.

[74] Tony Hoffman e Ian Zimmer, "Managerial Remuneration and Accounting For Recurring Extraordinary Items" (1994) 34(2) *Accounting and Finance* 35, 35-6, 42-3, 45-6.

[75] Smith e Watts, acima n 28, 141. Ver também Deegan, acima n 70, 27-8; Godfrey e Adi, acima n 43, 279; e Healy, acima n 46, 93-4. *A Norma Australiana de Contabilidade AASB 101* proíbe agora especificamente a classificação de quaisquer itens de rendimento ou gasto como itens extraordinários.

[76] Peter Easton, Peter Eddey e Trevor Harris, "An Investigation of Revaluations of Tangible Long-Lived Assets" (1993) 31 *Journal of Accounting Research* 1. Cf. Adam Steen e William Horrigan, "SelfServing Behaviour amongst Company Diretors: An Australian Investigation" (1995) 3(1) *Corporate Governance: An International Review* 30, 30.

elevada é provavelmente o resultado de uma remuneração baseada no desempenho, que está associada a escolhas contabilísticas que maximizam os resultados operacionais em vez dos totais.[77]

Hoffman e Zimmer controlam especificamente o efeito de outros factores que se poderia esperar que influenciassem a remuneração (como a dimensão da empresa, a "exposição política" e a cobertura de juros),[78] e mostram ainda que não há uma tendência geral (ou seja, na ausência de um plano de bónus provável) para classificar os ganhos como operacionais e as perdas como extraordinárias:[79]

> Uma expetativa de que ... *todos os* gestores tendem a classificar as perdas recorrentes como extraordinárias e os ganhos recorrentes como operacionais ... prevê ... o sinal de ... "recorrente" deveria ser significativamente negativo. No entanto, este facto não foi significativo (t = 0,045, p = 0,965).[80]

---

[77] Hoffman e Zimmer, acima n 74, 39. *A Norma Contabilística Australiana AASB 101* proíbe agora especificamente a classificação de quaisquer itens de rendimento ou de gasto como itens extraordinários.

[78] Ibid 43-6. Sobre o efeito de tais factores, ver, por exemplo, Jilnaught Wong, "Political Costs and an Intraperiod Accounting Choice For Export Tax Credits" (1988) 10 *Journal of Accounting and Economics* 37; Jilnaught Wong, "Economic Incentives For the Voluntary Disclosure of Current Cost Financial Statements" (1988) 10 *Journal of Accounting and Economics* 151; K Lemke e M Page, "Economic Determinants of Accounting Policy Choice: The Case of Current Cost Accounting In the UK" (1992) 15 *Journal of Accounting and Economics* 87; W Blacconiere et al, "Determinants of the Use of Regulatory Accounting Principles by Savings and Loans" (1991) 14 *Journal of Accounting and Economics* 168; A Ali e K Kumar, "The Magnitudes of Financial Statement Effects and Accounting Choice: The Case of the Adoption of SFAS 87" (1994) 18 *Journal of Accounting and Economics* 89; R Leftwich, "Accounting Information In Private Markets: Evidence From Private Lending Agreements" (1983) 58 *Accounting Review* 23; e Greg Whittred e Ian Zimmer, "Accounting Information In the Market For Debt" (1986) 26 *Accounting and Finance* 19. Cf. T John e K John, "Top-Management Compensation and Capital Structure" (1993) 48 *Journal of Finance* 949.

[79] Hoffman e Zimmer, supra n 74, 35-6, 38-9, 42-3, 45-6.

[80] Ibid 42-3 (sublinhado nosso).

CAPÍTULO 5

Gestão de resultados e deveres legais

A Poder de elaborar relatórios financeiros

Como já foi referido, a Lei das Sociedades Anónimas de 2001 (Cth) exige que as sociedades cotadas elaborem demonstrações financeiras.[81] O poder de elaborar demonstrações financeiras é, portanto, em muitos casos, um poder conferido por lei.[82] Os administradores de uma sociedade são obrigados a tomar todas as medidas razoáveis para garantir que a sociedade cumpre as suas obrigações de informação.[83] O poder de elaborar demonstrações financeiras também se enquadra no poder de gestão geral exercido pelo conselho de administração de uma empresa ao abrigo das Replaceable Rules[84] e de muitos estatutos de empresas.[85]

O Grupo de Trabalho sobre Práticas e Conduta Empresariais observou que, na prática, os diretores confiam em grande medida aos gestores a responsabilidade de assegurar que a empresa cumpre as suas obrigações em matéria de informação.[86]

---

[81] Corporations Act 2001 (Cth) ss 111AC(1), 111AE(1), 286(1) e 292.

[82] Sobre a forma como a obrigação de elaborar demonstrações financeiras cria um poder para o fazer, ver Sarah Worthington, "Diretors' Duties, Creditors' Rights and Shareholder Intervention" (1991) 18 *Melbourne University Law Review* 121, 124-6.

[83] Ver *Corporations Act 2001* (Cth) ss 344(1) e 1317DA e cf. ss 1308 e 1309; *Australian Securities Commission v Fairlie* (1993) 11 ACLC 669; e *Dwyer v Fairlie* (não publicado, Supreme Court of Tasmania, Crawford J, 9 de junho de 1995).

[84] Nomeadamente o s 198A(1) da *Lei das Sociedades Anónimas de 2001* (Cth). As empresas cujas acções estão cotadas na Bolsa de Valores da Austrália não podem ser regidas apenas pelas *Regras Substituíveis*, uma vez que a Regra de Listagem da Bolsa de Valores da Austrália 15.11 prevê que essas empresas devem ter uma constituição.

[85] Ver J Corkery, *Diretors' Powers and Duties* (1987) 39-40, 44-8; Hanrahan, Ramsay e Stapledon, acima n 4, 111, 116; e Johnston, Jager e Taylor, acima n 52, 23. Cf *White v Lincoln* (1803) 8 Ves Jun 363; *Re City Equitable Fire Insurance Co Ltd* [1925] 1 Ch 407 ('*Re City Equitable*'); *Leeds Estate, Building & Investment Co v Shepherd* (1887) 36 Ch D 787; *Gray v Haig* (1855) 20 Beav 219; *Commonwealth Bank of Australia v Friedrich* (1991) 5 ACSR 115 ('*Friedrich*'); e *Daniels v Anderson* (1995) 37 NSWLR 438.

[86] Grupo de Trabalho sobre Práticas e Conduta das Empresas, *Corporate Practices and Conduct* (3rd ed, 1995). Ver também Geof Stapledon, *Institutional Shareholders and Corporate Governance* (1996) 7-8; Hanrahan, Ramsay e Stapledon, supra n 4, 116-7, 119, 182, 202, 436; *AWA Ltd v Daniels (t/a Deloitte Haskins & Sells)* (1992) 7 ACSR 759, 832-3, 865-6 (Rogers CJ) ("*AWA*"); e *Re City Equitable* [1925] 1 Ch 407, 426-7 (Romer J). Diz-se que esta delegação se deve ao facto de os conselhos de administração se concentrarem em questões estratégicas e não em questões de gestão recorrentes, como os relatórios financeiros. Mesmo que os conselhos de administração estejam envolvidos na elaboração das demonstrações financeiras, é provável que os administradores executivos desempenhem um papel mais importante neste processo do que os administradores

20

Frequentemente, os quadros superiores finalizam as demonstrações financeiras e os diretores executivos apresentam-nas, em última análise, para inclusão nos relatórios financeiros da empresa.[87]

As demonstrações financeiras devem dar uma "imagem verdadeira e apropriada" da posição financeira e do desempenho da empresa.[88] No entanto, esta cláusula pode, de facto, estar vazia, uma vez que a expressão "true and fair view" aguarda uma definição oficial[89] e, aparentemente, significa o cumprimento dos princípios contabilísticos geralmente aceites,[90] que é o que as normas de contabilidade australianas já pretendem refletir.[91]

Como previamente discutido, as Normas permitem considerável discrição ao permitir que factos empresariais aparentemente semelhantes sejam retratados de diferentes maneiras para finalidades contabilísticas.[92] Esta flexibilidade em teoria existe para acomodar os diversos ambientes em que as empresas operam.[93] Tem sido

---

não executivos, uma vez que os primeiros possuem um maior conhecimento das operações quotidianas da empresa e este conhecimento facilita a elaboração das demonstrações financeiras. Cf. R Tomasic e S Bottomley, "Corporate Governance and the Impact of Legal Obligations On Decision Making In Corporate Australia" (1991) 1 *Australian Journal of Corporate Law* 55, 67.

[87] Cf. Royal Commission into the Tricontinental Group of Companies, *Final Report of the Royal Commission Into the Tricontinental Group of Companies* (1992) para 19.56; e *Entwells Pty Ltd v National & General Insurance Co Ltd* (1991) 5 ACSR 424, 427 (Ipp J). O relatório financeiro contém as demonstrações financeiras da empresa, mas também contém outro material, como a declaração dos diretores sobre as demonstrações financeiras e as notas às demonstrações financeiras.

[88] *Corporations Act 2001* (Cth) ss 295(3)(c), 297, 303(3)(c) e 305. Ver *QBE* (1992) 38 FCR 270; e geralmente National Companies and Securities Commission, *A 'True and Fair View' and the Reporting Obligations of Diretors and Auditors* (1984); F Ryan, "'A True and Fair View'" (1967) 3 *Abacus* 95; B Walker, 'A "True and Fair View" Revisited' (1986) 56(3) *Australian Accountant* 34; e R Chambers e P Wolnizer, 'A True and Fair View of Financial Position' (1990) 8 *Company and Securities Law Journal* 353.

[89] Ver especialmente R Baxt, 'True and Fair Accounts: A Legal Anachronism" (1970) 44 *Australian Law Journal* 541, 550; e A Slater, "The Accounts Provisions and Accounting Standards" in R Austin and R Vann (eds), *The Law of Public Company Finance* (1986) 100, 107.

[90] Baxt, "True and Fair Accounts", acima n 89, 548; e Slater, acima n 89, 109. Ver, por exemplo, *Marra Developments Ltd v B W Rofe Pty Ltd* [1977] 2 NSWLR 616, 629 (Mahoney JA). Cf *Pacific Acceptance Corporation Ltd v Forsyth* (1970) 92 WN (NSW) 29; e *Cambridge Credit Corporation Ltd v Hutcheson* (1985) 3 ACLC 263.

[91] Cf. Baxt, 'True and Fair Accounts', acima n 89, 548, 550; e Slater, acima n 89, 107, 109.

[92] No texto que acompanha as notas 48-61, supra. Ver Rowland, supra n 48, 169; e Yablon e Hill, supra n 7, 121.

[93] Rowland, acima n 48, 169; e LBC, *Laws of Australia*, vol 4 (em 16 de setembro de 2005) 4 Business Organisations, '4.2 Company Management' [312].

notado que os gestores, em conformidade, são obrigados a usar a sua "capacidade profissional e conhecimento especializado" ao escolher entre tratamentos contabilísticos disponíveis, de forma a escolher o tratamento que mais apropriadamente reflicta as circunstâncias da empresa.[94]

Por conseguinte, na sua maioria, os conselhos de administração dão efetivamente aos gestores de topo da empresa, como os diretores executivos, a possibilidade de selecionar entre diferentes tratamentos contabilísticos ao abrigo das *normas contabilísticas* para efeitos de cumprimento das obrigações de informação da empresa.[95] Como já foi referido,[96] o desempenho contabilístico da empresa, tal como consta das suas demonstrações financeiras, deve ser tido em conta nos acordos de pagamento por desempenho ao abrigo dos quais estes gestores podem ser remunerados.[97]

Pode argumentar-se, com base na investigação anteriormente analisada, que os preparadores das demonstrações financeiras que estão sujeitos a acordos de remuneração pelo desempenho que se baseiam no desempenho contabilístico da empresa, tal como consta das suas demonstrações financeiras, podem muitas vezes ter preparado essas demonstrações financeiras de uma forma que, em geral, se poderia esperar que maximizasse a remuneração dos preparadores ao abrigo desses acordos, em grande parte escolhendo tratamentos contabilísticos que aumentariam o lucro declarado da empresa em vez de tratamentos que teriam o efeito oposto.[98] Este

---

[94] LBC, supra n 93, [307]. Ver, por exemplo, V Mazay, T Wilkins e I Zimmer, "Determinants of the Choice of Accounting For Investments In Associated Companies" (1993) 10(1) *Contemporary Accounting Research* 31; e Rowland, supra n 48, 169. D Skinner, 'The Investment Opportunity Set and Accounting Procedure Choice: Preliminary Evidence" (1993) 16 *Journal of Accounting and Economics* 407 salienta que a gestão pode nem sempre escolher o tratamento contabilístico que melhor reflicta o desempenho da empresa, por exemplo, devido ao desejo de maximizar a remuneração ao abrigo da remuneração baseada no desempenho.

[95] A responsabilidade potencial do conselho de administração por eventuais condutas incorrectas dos gestores no exercício deste poder delegado é discutida no texto que acompanha as notas 156-166, abaixo.

[96] No texto que acompanha as notas 29-43.

[97] Os administradores executivos podem também estar sujeitos a uma remuneração baseada no desempenho.

[98] Embora este trabalho se concentre nos gestores de topo, uma vez que são frequentemente os responsáveis pela elaboração das demonstrações financeiras, os princípios discutidos são igualmente aplicáveis aos administradores executivos que estão sujeitos a uma remuneração baseada no desempenho e que praticam a "gestão de resultados".

comportamento será agora discutido no contexto do dever de agir de boa fé no interesse da empresa, do dever de agir para fins adequados e da proibição de fazer um uso indevido da posição.[99]

B Atuar de boa-fé no interesse da empresa

Está bem estabelecido que os diretores de uma empresa devem agir de boa fé no melhor interesse da empresa.[100] Embora isto não signifique que um tribunal examine atentamente os méritos das decisões do conselho de administração,[101] significa que os administradores não podem, em geral, beneficiar-se a si próprios à custa da empresa.[102] Pode dizer-se que esta proibição se estende não só aos administradores, mas a todos os fiduciários da sociedade que exercem poderes discricionários nesta qualidade.[103]

---

[99] Uma discussão pormenorizada das questões de conflito de interesses que podem surgir em relação aos gestores e à sua remuneração baseada no desempenho pode já ser encontrada em Hill e Yablon, acima n 8; e Yablon, "Bonus Questions", acima n 27.

[100] Ver, por exemplo, *Re Smith & Fawcett Ltd* [1942] Ch 304, 306 (Lord Greene MR) ("*Smith*"); *Ngurli Ltd v McCann* (1953) 90 CLR 425, 438 (Williams ACJ, Fullagar e Kitto JJ) ("*Ngurli*"); *Richard Brady Franks Ltd contra Price* (1937) 58 CLR 112, 135 (Latham CJ) ("*Richard Brady*"); *Ashburton Oil NL contra Alpha Minerals* (1971) 123 CLR 614, 620 (Barwick CJ) ("*Ashburton*"); *Marchesi v Barnes* [1970] VR 434, 438 (Gowans J); *Australian Metropolitan Life Assurance Co Ltd v Ure* (1923) 33 CLR 199, 217 (Isaacs J) ('*Ure*'); *Australian Growth Resources v van Reesma* (1988) 13 ACLR 261, 271 (King CJ); *Provident International Corporation v International Leasing Corporation* [1969] 1 NSWR 424, 436 (Helsham J) ('*International Leasing*'); e *Corporations Act 2001* (Cth) s 181. Para uma discussão pormenorizada do conteúdo deste dever, ver Robert Austin, Harold Ford e Ian Ramsay, *Company Diretors: Principles of Law and Corporate Governance* (2005) 271-88. A posição nos Estados Unidos da Aimerica é explorada em C Hintmann, "You Gotta Have Faith: Good Faith in the Context of Diretorial Fiduciary Duties and the Future Impact on Corporate Culture" (2005) 49 *St Louis University Law Journal* 571.

[101] *Harlowe's Nominees Pty Ltd contra Woodside NL* (1968) 121 CLR 483 ("*Harlowe's*").

[102] Cf. *Mills v Mills* (1938) 60 CLR 150, 185 (Dixon J) ("*Mills*"). Para uma discussão sobre o que é necessário para atuar de boa fé no melhor interesse da empresa, ver, por exemplo, Len Sealy, '"Bona Fides" and "Proper Purposes" In Corporate Decisions' (1989) 15 *Monash University Law Review* 265; J Birds, "Proper Purposes As a Head of Diretors' Duties" (1974) 37 *Modern Law Review* 580; J D Heydon, "Diretors' Duties and the Company's Interests" in Paul Finn (ed), *Equity and Commercial Relationships* (1987) 120; David Bennett, "The Ascertainment of Purpose When Bona Fides Are In Issue: Some Logical Problems" (1989) 12 *Sydney Law Review* 5; Chief Justice David Malcolm, "Diretors' Duties: The Governing Principles" em Ian Ramsay (ed), *Corporate Governance and the Duties of Company Diretors* (1997) 60; e Sir Douglas Menzies, "Company Diretors" (1959) 33 *Australian Law Journal* 156, 157.

[103] Cf. Corkery, acima n 85, 109; e Worthington, "Diretors' Duties", acima n 82, 122, 124. Sobre o ponto de vista de que o dever de agir de boa fé no melhor interesse de um beneficiário se aplica geralmente a fiduciários que exercem poderes discricionários, ver, por exemplo, *Duke of Portland v Lady Topham* (1864) 11 HLC 32, 54 (Westbury LC) ('*Topham*'); *Cameron v Murdoch* (1986) 60 ALJR 280, 287 (Lord Brandon) ('*Cameron*'); e *Gisborne v Gisborne* (1877) 2 App Cas 300. Este ponto de vista é discutido em Paul Finn, 'The Fiduciary

Os gestores de topo das empresas, como os diretores executivos, mantêm uma relação fiduciária com a sua empresa[104] devido ao seu "poder de decisão e responsabilidade" ao mais alto nível em matéria de gestão.[105] Um desses poderes discricionários é o poder de selecionar entre tratamentos contabilísticos alternativos, que têm em resultado da responsabilidade que lhes é frequentemente delegada pelo conselho de administração para a preparação das demonstrações financeiras da empresa.[106] Os gestores de topo, como os CEO, também são indiscutivelmente "funcionários" da empresa[107] vinculados pelo artigo 181.o da *Lei das Sociedades Anónimas de 2001* (Cth), uma vez que as demonstrações financeiras que (efetivamente) preparam podem afetar significativamente a situação financeira da empresa.[108]

Quando os gestores escolhem tratamentos contabilísticos que aumentam o lucro declarado da empresa em detrimento de tratamentos que teriam o efeito oposto e o fazem para aumentar a sua remuneração ao abrigo de acordos de pagamento por

Principle' em T Youdan (ed), *Equity, Fiduciaries and Trusts* (1989) 1, 1, 27; Dennis Ong, 'Fiduciaries: Identification and Remedies" (1986) 8 *University of Tasmania Law Review* 311, 320; R Austin, "Commerce and Equity: Fiduciary Duty and Constructive Trust" (1986) 6 *Oxford Journal of Legal Studies* 444, 447; J Lehane, "Fiduciaries In a Commercial Context" in Paul Finn (ed), *Essays In Equity* (1985) 95, 96; e R Austin, "Fiduciary Accountability For Business Opportunities" in Paul Finn (ed), *Equity and Commercial Relationships* (1987) 141, 172.

[104] Ver, por exemplo, *Consul Development Pty Ltd contra DPC Estates Pty Ltd* (1975) 132 CLR 373. 394-5 (Gibbs J);
Canadian Aero Service Ltd v O'Malley (1973) 40 DLR (3d) 371, 381-2 (Laskin J); *Timber Engineering Co Pty Ltd v Anderson* [1980] 2 NSWLR 488; *Green v Bestobell Industries Pty Ltd* [1982] WAR 1; e *McFayden v Australian Securities Commission* (1995) 17 ACSR 415.

[105] B Creighton e A Stewart, *Labour Law: An Introduction* (2nd ed, 1994) 164-5. Ver também Ross Parsons, "The Diretor's Duty of Good Faith" (1967) 5 *Melbourne University Law Review* 395, 397, 409; Hanrahan, Ramsay e Stapledon, acima n 4, 209-10; e Austin, "Fiduciary Accountability", acima n 103, 141, 172.

[106] Discutido no texto que acompanha as notas 86-87, acima.

[107] Na aceção do *Corporations Act 2001* (Cth) s 9. Cf *CCA (Vic) v Bracht* (1988) 14 ACLR 728, 733-4 (Ormiston J); *Sycotex Pty Ltd v Baseler* (1994) 13 ACSR *766, 782; Standard Chartered Bank of Australia Ltd v Antico* (1995) 18 ACSR 1, 66; *Holpitt Pty Ltd v Schwab* (1992) 33 FCR 474; e *R v Scott* (1990) 2 ACSR 470.

[108] Ver *Corporations Act 2001* (Cth) s 9, e geralmente Robert Baxt et al, *'CLERP' Explained: The Corporate Law Economic Reform Program Act 1999* (2000) 8-9; e Hanrahan, Ramsay e Stapledon, acima n 4, 209-10. Poderão também ser administradores de facto ou "sombra" nos termos do artigo 9° da lei, se o conselho de administração utilizar os seus números sem alterações. Ver geralmente *Harris v S* (1976) 2 ACLR 51, 63 (Wells J) e 71 (Sangster J); *Australian Securities Commission v A S Nominees Ltd* (1995) 18 ACSR 459, 509; *Re Lo-Line Electric Motors Ltd* (1988) 4 BCC 415, 421; *Mistmorn Pty Ltd (in liq) v Yasseen* (1996) 21 ACSR 173; e *Deputy Commissioner of Taxation v Austin* (1998) 28 ACSR 565.

desempenho, coloca-se a questão de saber se essas escolhas estão a ser feitas de boa fé no melhor interesse da empresa.

Em primeiro lugar, parece que tais escolhas não seriam provavelmente "genuínas" (e, por conseguinte, não seriam escolhas de boa-fé),[109] se nos basearmos nas noções de considerações "relevantes" e "irrelevantes" do direito público.[110] Como já foi referido, a flexibilidade que a escolha de diferentes tratamentos contabilísticos proporciona existe para acomodar os diversos ambientes em que as empresas operam. Quando os gestores escolhem entre os tratamentos contabilísticos disponíveis, não para refletir da forma mais adequada as circunstâncias da empresa, mas sim para maximizar o lucro declarado da empresa, a fim de maximizar a sua remuneração baseada no desempenho e, assim, obter um benefício financeiro pessoal, coloca-se a questão de saber se estão a ignorar considerações relevantes e, em vez disso, a ter em conta considerações impróprias.[111]

Em segundo lugar, pode também dizer-se que este tipo de comportamento não serve os interesses da empresa. O aumento dos lucros declarados através de escolhas contabilísticas com o objetivo de maximizar a remuneração baseada no desempenho tem implicações negativas para a riqueza dos acionistas.[112] Quando os gestores escolhem entre os tratamentos contabilísticos disponíveis, não para refletir da forma mais adequada as circunstâncias da empresa, mas sim para maximizar os lucros

---

[109] Sobre a relação entre genuinidade e boa-fé, ver, por exemplo, *Hindle v John Cotton Ltd* (1919) 56 Scots LR 625. 630-1 (Viscount Finlay) (*'Hindle'*); *Darvall v North Sydney Brick & Tile Co (No 2)* (1989) 7 ACLC 659, 680 (Kirby P) (*'Darvall'*); *Marson Pty Ltd v Pressbank Pty Ltd* (1987) 12 ACLR 465. 471 (McPherson J); *Corporate Affairs Commission v Papoulias* (1990) 2 ACSR 655. 657 (Allen J); *Flavel v Roget* (1990) 1 ACSR 595. 607. 609 (O'Loughlin J); *Morgan v Flavel* (1983) 1 ACLC 831. 837-8 (White J) (*'Morgan'*); e *Fitzsimmons v The Queen* (1997) 23 ACSR 355. 364-5 (Parker J., com quem Owen e Murray JJ concordaram). A relação também é discutida em Sealy. '"Bona Fides" and "Proper Purposes"', acima n 102, 269; Parsons, acima n 105, 395-6, 417; Malcolm, acima n 102, 69-72; Baxt et al, acima n 108, 32-4; e Worthington, 'Diretors' Duties', acima n 82, 132.

[110] Ver especialmente Sealy, '"Bona Fides" and "Proper Purposes"', acima n 102, 268, 277; e Worthington, 'Diretors' Duties', acima n 82, 122-3. Sobre como distinguir entre considerações relevantes e irrelevantes, ver, por exemplo, *Minister for Aboriginal Affairs v Peko-Wallsend* (1986) 162 CLR 24; *R v Australian Broadcasting Tribunal; Ex parte 2HD Pty Ltd* (1979) 144 CLR 45; e *R v Toohey (Aboriginal Land Commissioner); Ex parte Northern Land Council* (1981) 151 CLR 170.

[111] Cf *Vatcher v Paull* [1915] AC 372, 378 (Lord Parker) (*'Vatcher'*); e *Feil v Commissioner of Corporate Affairs* (1991) 9 ACLC 811, 818 (O'Bryan J). Comparar Worthington, "Self-Denial", acima n 8, 502.

[112] Cf. Gevnrtz, supra n 53, 1276-7.

declarados da empresa de modo a maximizar a sua remuneração baseada no desempenho, podem acabar por receber a título de remuneração mais do que receberiam se não tivessem feito tais escolhas.[113] O desempenho melhorado da empresa (embora potencialmente coerente com as normas contabilísticas) existe apenas no papel, enquanto a riqueza real sai da empresa para os gestores sob a forma de remuneração dos gestores.[114] Esta situação parece ser contrária à lógica subjacente à remuneração baseada no desempenho, nomeadamente o facto de essa remuneração se basear num aumento do património da empresa.[115]

Se todas as outras coisas forem iguais, seria, portanto, difícil ver como um diretor executivo inteligente e honesto poderia genuinamente considerar a escolha contabilística em questão como sendo no melhor interesse da empresa.[116] É pelo menos discutível que nenhum fiduciário que actue de forma razoável possa considerar que é esse o caso,[117] uma vez que as relações fiduciárias existem para alinhar os interesses dos fiduciários com os dos beneficiários da relação fiduciária.[118] Em particular, e como

---

[113] O desempenho no âmbito de acordos de pagamento por desempenho pode também ser medido em termos de movimento ascendente no preço das acções da empresa, mas a investigação demonstrou que o lucro contabilístico comunicado por uma empresa pode ter um impacto no preço das acções da empresa. Ver ponto 62 supra e texto em anexo.

[114] Ver, em geral, P Dechow, R Sloan e A Sweeney, "Causes and Consequences of Earnings Manipulation: An Analysis of Firms subject to Enforcement Actions by the SEC" (1993) 13(1) *Contemporary Accounting Research* 1; e Robert Holthausen, "Accounting Method Choice: Opportunistic Behaviour, Efficient Contracting and Information Perspectives" (1990) 12 *Journal of Accounting and Economics* 207. Cf. Gevurtz, acima n 53, 1277.

[115] Rehnert, acima n 5, 1157, 1168.

[116] Sobre a relevância da inteligência e da honestidade neste contexto, ver, por exemplo, *Reid Murray Holdings Ltd (in liq) v David Murray Holdings Pty Ltd* (1972) 5 SASR 386, 402; *Linter Group Ltd v Goldberg* (1992) 7 ACSR 580, 622 (Southwell J); *Farrow Finance Company Ltd (in liq) v Farrow Properties Pty Ltd (in liq)* (1997) 26 ACSR 544, 581 (Hansen J); e *Charterbridge Corporation Ltd v Lloyds Bank Ltd* [1970] Ch 62, 74 (Pennycuick J). Comparar *Equiticorp Finance Ltd (in liq) v Bank of New Zealand* (1993) 32 NSWLR 50, 146-8 (Clarke e Cripps JJA).

[117] Sobre este requisito de razoabilidade, ver, por exemplo, *Shuttleworth v Cox Bros & Co (Maidenhead) Ltd* [1927] 2 KB 9, 23-4 (Scrutton LJ) ("*Shuttleworth*"); *Hutton v West York Railway Co* (1883) 23 Ch D 654. 671 (Bowen LJ); e *Wayde v New South Wales Rugby League Ltd* (1985) 61 ALR 225, 232 (Brennan J). Um exemplo da aplicação deste requisito de razoabilidade num caso recente de grande visibilidade é *Re HIH Insurance Ltd; Australian Securities and Investments Commission v Adler* (2002) 168 FLR 253.

[118] *Hospital Products Ltd v United States Surgical Corporation* (1984) 156 CLR 41, 68-9 (Gibbs CJ) e 96-7 (Mason J). Este alinhamento de interesses é discutido em Patricia Loughlan, 'The Historical Role of the Equitable Jurisdiction' in Patrick Parkinson (ed), *The Principles of Equity* (1996) 3, 38; e Patrick Parkinson, 'Fiduciary Obligations' in Patrick Parkinson (ed), *The Principles of Equity* (1996) 342, 36177.

já foi referido, os acordos de remuneração pelo desempenho têm por objetivo alinhar os interesses da gestão da empresa com os da empresa (praticamente, os membros da empresa).[119] Como já foi referido,[120] quando os gestores escolhem entre os tratamentos contabilísticos disponíveis, não para refletir da forma mais adequada as circunstâncias da empresa, mas para maximizar o lucro declarado da empresa de modo a maximizar a sua remuneração baseada no desempenho, estão a promover os seus próprios interesses em detrimento da empresa.[121]

Não parece ser relevante que os próprios acordos de remuneração pelo desempenho não proíbam expressamente a escolha entre os tratamentos contabilísticos disponíveis, não de forma a refletir mais adequadamente as circunstâncias da empresa, mas de forma a maximizar o lucro declarado da empresa para maximizar a remuneração baseada no desempenho em questão.[122] O Chief Justice Cardozo observou que uma filosofia de laissez-faire e de mercado livre tem apenas um papel limitado a desempenhar nas relações fiduciárias,[123] uma vez que as obrigações impostas no âmbito de tais relações existem, em geral, para limitar o potencial de exploração auto-interessada das oportunidades contratuais por parte do fiduciário.[124] Em particular, Duggan sugere que as obrigações fiduciárias representam "contratos por defeito", na medida em que se a equidade não impusesse tais obrigações, as partes na relação concordariam expressamente com elas em qualquer caso.[125]

---

[119] Como reconhecem A Barnea et al, *Agency Problems and Financial Contracting* (1985) 61-79; e Healy, acima n 46, 85.

[120] No texto que acompanha os pontos 112-115, acima.

[121] Ver, por exemplo, Patricia Dechow e Robert Sloan, "Executive Incentives and the Horizon Problem: An Empirical Investigation" (1991) 14 *Journal of Accounting and Economics* 51. Cf. Gevurtz, acima n 53, 1277.

[122] Cf. Loughlan, acima n 118, 31, 49. Comparar Allen v Flood [1898] AC 1, 46 (Wills J). Sobre fiduciários e contratos em geral, ver Victor Brudney, 'Corporate Governance, Agency Costs and the Rhetoric of Contract' (1985) 85(7) Columbia Law Review 1403; Paul Finn, 'Contract and the Fiduciary Principle' (1989) 12 University of New South Wales Law Journal 76; e Thomas Hazen, 'The Corporate Persona, Contract (and Market) Failure, and Moral Values' (1991) 69 North Carolina Law Review 273.

[123] Meinhard v Salmon, 249 NY 458, 464 (1928).

[124] Paul Finn, "Unconscionable Conduct" (1994) 8 Journal of Contract Law 37, 39; e Loughlan, acima n 118, 31, 47, 49. Cf. Matthew Conaglen, "The Nature and Function of Fiduciary Loyalty" (2005) 121 Law Quarterly Review 452.

[125] Anthony Duggan, "Is Equity Efficient?" (1997) 113 Law Quarterly Review 601, 624, 631. Ver também Frank Easterbrook e Daniel Fischel, "Contract and Fiduciary Duty" (1993) 36 Journal of Law and Economics 425, 427. Cf. Chief Justice Murray Gleeson, "Individualised Justice: The Holy Grail" (1995) 69 Australian

Pode dizer-se que este argumento é apoiado pelo facto de as obrigações fiduciárias salvaguardarem a integridade das relações socialmente benéficas nos casos em que pode haver uma divergência entre os interesses das partes na relação.[126] Como já foi referido, as sociedades cotadas constituem uma força económica nas sociedades capitalistas e essas sociedades caracterizam-se tradicionalmente pela separação entre a propriedade e a gestão.

C Objectivos próprios

Está bem estabelecido que os poderes das empresas devem ser exercidos para objectivos adequados.[127] Este princípio tem sido predominantemente considerado no contexto das aquisições hostis[128] mas é de aplicação geral.[129] Além disso, embora o princípio tenha sido aplicado principalmente aos administradores,[130] estes não são os

Law Journal 421, 422; Michael Whincop, "Painting the Corporate Cathedral: The Protection of Entitlements In Corporate Law" (1999) 19(1) Oxford Journal of Legal Studies 19; e C Riley, "Designing Default Rules In Contract Law: Consent, Conventionalism, and Efficiency" (2000) 20(3) Oxford Journal of Legal Studies 367.

[126] Ver, em geral, J Coffee, "No Exit? Opting Out, the Contractual Theory of the Corporation and the Special Case of Remedies" (1988) 53 *Brooklyn Law Review* 919, 941-8; J Gordon, "The Mandatory Structure of Corporate Law" (1989) 89 *Columbia Law Review* 1549, 1594-5; Paul Finn, 'Fiduciary Law and the Modern Commercial World' em W McKendrick (ed), *Commercial Aspects of Trusts and Fiduciary Obligations* (1995) 7, 10, 41; Loughlan, acima n 118, 38; e Duggan, acima n 125, 624. Comparar com Worthington, "Self-Denial", acima n 8, 506-7.

[127] Ver, por exemplo, *Allen v Gold Reefs of West Africa Ltd* [1900] 1 Ch 656, 671 (Lindley MR); *Mills* (1938) 60 CLR 150, 169 (Rich J) e 185-6 (Dixon J); *Ure* (1923) 33 CLR 199, 217 (Isaacs J); *Ngurli* (1953) 90 CLR 425, 438-40 (Williams ACJ, Fullagar e Kitto JJ); *Richard Brady* (1937) 58 CLR 112, 142 (Dixon J); *International Leasing* [1969] 1 NSWR 424, 436 (Helsham J); *Rolled Steel Products (Holdings) Ltd v British Steel Corporation* [1986] Ch 246, 303 (Browne-Wilkinson LJ); *Harlowe's* (1968) 121 CLR 483, 493 (Barwick CJ, McTiernan e Kitto JJ); *Whitehouse v Carlton Hotel Pty Ltd* (1987) 162 CLR 285, 293 (Mason, Deane e Dawson JJ); *Vatcher* [1915] AC 372, 378 (Lord Parker); *Teck Corporation Ltd v Millar* (1972) 33 DLR (3d) 288, 312 (Berger J); *Permanent Building Society (in liq) v Wheeler* (1994) 14 ACSR 109, 137 (Ipp J, com quem Malcolm CJ e Seaman J concordaram) ('*Wheeler*'); e *Corporations Act 2001* (Cth) s 181. Para uma discussão pormenorizada do conteúdo deste dever, ver Austin, Ford e Ramsay, acima n 100, 288-305.

[128] Ver, por exemplo, *Harlowe's* (1968) 121 CLR 483; *Howard Smith* [1974] AC 821; *Pine Vale Investments Ltd/McDonnell & East Ltd* (1983) 8 ACLR 199 ("*Pine Vale*"); *Condraulics Pty Ltd contra Barry & Roberts Ltd* (1984) 8 ACLR 915 ("*Condraulics*"); *McGuire contra Ralph McKay Ltd* (1987) 12 ACLR 107 ("*McGuire*"); e *Ashburton* (1971) 123 CLR 614. Ver geralmente N Franzi, "The Subjective and Objective Elements of a Company Board's Power to Issue Shares" (1976) 10 *Melbourne University Law Review* 392.

[129] Ver, por exemplo, *Mills* (1938) 60 CLR 150, 185 (Dixon J); *Ngurli* (1953) 90 CLR 425, 439-40 (Williams ACJ, Fullagar e Kitto JJ); *Richard Brady* (1937) 58 CLR 112, 142 (Dixon J); *Wheeler* (1994) 14 ACSR 109, 137 (Ipp J, com quem Malcolm CJ e Seaman J concordaram); e *Corporations Act 2001* (Cth) s 181.

[130] Como salienta Sealy, '"Bona Fides" and "Proper Purposes"', supra n 102, 271.

únicos que estão vinculados por esta regra.[131] Como salientam Corkery e Worthington, o princípio é aplicável a todos os donatários que exercem poderes limitados.[132]

Tal como referido anteriormente,[133] o poder do conselho de administração de uma empresa para elaborar os mapas financeiros pode ser considerado como decorrente das disposições legais em matéria de divulgação, do poder de gestão geral do conselho de administração sobre a empresa e dos deveres de cuidado, competência e diligência impostos aos administradores. A delegação comum deste poder aos quadros superiores na prática também foi discutida.[134]

Os litígios relativos a objectivos adequados e impróprios surgiram predominantemente no contexto da emissão de acções,[135] e os objectivos para os quais o poder de elaborar demonstrações financeiras pode ou não ser exercido não parecem ter sido considerados judicialmente.[136] Foi dito que a natureza e as fontes de um poder determinarão os objectivos para os quais o poder pode ou não ser utilizado.[137] Como foi observado, a considerável discricionariedade que existe no exercício do poder de elaborar demonstrações financeiras está presente para acomodar os diversos ambientes em que as empresas operam, o que exige que os gestores utilizem a sua "capacidade profissional e conhecimentos especializados" ao escolherem entre os tratamentos

---

[131] Ver, por exemplo, *Topham* (1864) 11 HLC 32, 54 (Westbury LC); *Vatcher* [1915] AC 372, 378 (Lord Parker); *Mills* (1938) 60 CLR 150, 185 (Dixon J); *Ngurli* (1953) 90 CLR 425, 438 (Williams ACJ, Fullagar e Kitto JJ); *Wheeler* (1994) 14 ACSR 109, 137 (Ipp J, com quem Malcolm CJ e Seaman J concordaram); e *Corporations Act 2001* (Cth) s 181.

[132] Corkery, acima n 85, 109; e Worthington, "Diretors' Duties", acima n 82, 121-6, 130, 151-2. Ver também *Advance Bank Australia Ltd v FAI Insurances Ltd* (1987) 9 NSWLR 464, 473 (Kirby P) e 493-4 (Mahoney JA) ('*Advance Bank*'); R Austin, 'Moulding the Content of Fiduciary Duties' em A Oakley (ed), *Trends In Contemporary Trust Law* (1996) 153; e Len Sealy, 'Fiduciary Obligations: Forty Years On" (1995) 9 *Journal of Contract Law* 37.

[133] No texto que acompanha as notas 81-85.

[134] No texto que acompanha os pontos 86-87, acima.

[135] Ver, por exemplo, *Harlowe's* (1968) 121 CLR 483; *Howard Smith* [1974] AC 821; *Pine Vale* (1983) 8 ACLR 199; *Condraulics* (1984) 8 ACLR 915; *Darvall* (1987) 12 ACLR 537; *McGuire* (1987) 12 ACLR 107; e *Ashburton* (1971) 123 CLR 614.

[136] Ver, por exemplo, *Kamin v American Express Co*, 383 NYS 2d 807 (1976) ("*Kamin*").

[137] Ver, por exemplo, *Howard Smith* [1974] AC 821, 835 (Lord Wilberforce); *Kokotovich Constructions Pty Ltd v Wallington* (1995) 17 ACSR 478, 490 (Kirby ACJ, com quem Priestly e Handley JJA concordaram); e *Re Burton's Settlements* [1955] Ch 82, 100 (Lord Upjohn). Cf. *Brady v Brady* [1988] BCLC 20, 38 (Nourse LJ).

contabilísticos disponíveis, de modo a refletir da forma mais adequada as circunstâncias da empresa.[138]

Por conseguinte, é possível argumentar que a escolha de tratamentos contabilísticos com o objetivo de maximizar a remuneração baseada no desempenho representa um exercício do poder de selecionar entre diferentes tratamentos contabilísticos para um fim impróprio. Tal como Lord Wilberforce observou, o interesse próprio é "o caso mais comum de motivo impróprio".[139] Quando os gestores escolhem entre os tratamentos contabilísticos disponíveis a fim de maximizar o lucro declarado da empresa de modo a maximizar a sua remuneração baseada no desempenho, as escolhas contabilísticas não estão ostensivamente a ser feitas de modo a refletir da melhor forma o desempenho da empresa.[140] A posição fiduciária ocupada pelos gestores de topo que, na prática, são em grande medida responsáveis pela elaboração das demonstrações financeiras, como já foi referido,[141] e reforça, sem dúvida, o ponto de vista de que o poder de selecionar entre diferentes tratamentos contabilísticos deve ser exercido em benefício da empresa e não para benefício próprio dos gestores.[142]

D Utilização indevida do cargo

A Secção 182 da Lei das Sociedades Anónimas de 2001 (Cth) proíbe a utilização indevida de uma posição empresarial.[143] Quando os gestores escolhem entre os tratamentos contabilísticos disponíveis, não para refletir da forma mais adequada as

---

[138] LBC, acima n 93, [307], [312]. Ver também Rowland, acima n 48, 169.

[139] Ver *Howard Smith* [1974] AC 821, 835. Ver também Birds, acima n 102, 583.

[140] Cf. Dechow, Sloan e Sweeney, acima n 114; Holthausen, 'Accounting Method Choice', acima n 114; Rowland, acima n 48, 169; e Dechow e Sloan, acima n 121.

[141] No texto que acompanha as notas 104-106.

[142] Cf. Re International Vending Machines Pty Ltd (1963) 80 WN (NSW) 465, 473 (Jacobs J); Chan v Zacharia (1984) 154 CLR 178, 195, 198 (Deane J); e Re Coomber; Coomber v Coomber [1911] 1 Ch 723, 728-9 (Moulton LJ).

[143] Para uma discussão académica sobre o que implica um uso indevido da posição, ver, por exemplo, Michael Whincop, "Diretors' Statutory Duties of Honesty and Propriety" em Ian Ramsay (ed), Corporate Governance and the Duties of Company Diretors (1997) 125, 133-47; Julian Blanchard, "Honesty In Corporations" (1996) 14 Company and Securities Law Journal 4; R Baxt, "Diretor's Misuse of Position and the Utility of the Corporations Law" (1993) 11 Company and Securities Law Journal 450; e Michael Whincop, "Developments In Diretors' Statutory Duties of Honesty and Propriety" (1996) 14 Company and Securities Law Journal 157, 163-73.

circunstâncias da empresa, mas para maximizar os lucros declarados da empresa, de modo a maximizar a sua remuneração baseada no desempenho, pode argumentar-se que estão a violar a proibição prevista no artigo 182.[144]

Tal como já foi referido, este tipo de comportamento implica, sem dúvida, uma violação dos deveres equitativos de agir de boa fé no interesse da sociedade e para fins adequados.[145] Os casos sugerem que tais erros constituiriam impropriedade para efeitos do artigo 182º,[146] e os termos da secção aplicam a proibição contra a utilização imprópria da posição a todos, desde os diretores da sociedade até aos seus empregados.[147]

Nos termos do artigo 184(2) da Lei das Sociedades Anónimas de 2001 (Cth), um funcionário ou empregado de uma empresa comete uma infração penal se utilizar a sua posição de forma desonesta com a intenção de:

- obter, direta ou indiretamente, uma vantagem para si próprio; ou

- causando um prejuízo à empresa.[148]

É possível argumentar que a desonestidade está potencialmente presente quando os preparadores das demonstrações financeiras fazem conscientemente escolhas contabilísticas na preparação dessas demonstrações com a intenção de maximizar a sua remuneração baseada no desempenho.[149] Como já foi referido, quando os gestores

---

[144] Sobre as sanções por infração à s 182, ver Pt 9.4B da Corporations Act 2001 (Cth), analisada em Baxt et al, acima n 108, 53-5; e Hanrahan, Ramsay e Stapledon, acima n 4, 278-9.

[145] Uma discussão pormenorizada das questões de conflito de interesses que podem surgir em relação aos gestores e à sua remuneração baseada no desempenho pode já ser encontrada em Hill e Yablon, acima n 8; e Yablon, "Bonus Questions", acima n 27.

[146] Ver, por exemplo, *Chew v The Queen* (1992) 10 ACLC 816, 819-20 (Mason CJ, Brennan, Gaudron e McHugh JJ), 823-5 (Dawson J) e 827 (Toohey J); *Jeffree v National Companies and Securities Commission* (1989) 7 ACLC 556, 560 (Wallace J) e 564-5 (Brinsden J); *R v Byrnes* (1995) 17 ACSR 551, 559-61 (Brennan, Deane, Toohey e Gaudron JJ) e 566 (McHugh J); *Edwards v The Queen* (1992) 10 ACLC 859, 861 (Mason CJ, Brennan, Gaudron e McHugh JJ) e 863 (Dawson J); e *Australian Securities Commission v Matthews* (1995) 16 ACSR 313, 317 (Steytler J).

[147] Para uma discussão sobre o âmbito do artigo 182º, ver, por exemplo, Baxt et al, acima n 108, 37-8, 55-6; e Hanrahan, Ramsay e Stapledon, acima n 4, 209-10.

[148] Para uma discussão académica desta secção, ver, por exemplo, Austin, Ford e Ramsay, acima n 100, 392.

[149] Cf. a noção de desonestidade tal como discutida em *Re Southern Resources Ltd; Residues Treatment & Trading Company Ltd v Southern Resources Ltd (No 2)* (1989) 7 ACLC 1130, 1152 (Perry J); e *Marchesi v Barnes* [1970] VR 434, 437-8 (Gowans J). O significado do termo "desonestamente" para efeitos da s 184(2) não parece ter sido considerado judicialmente.

escolhem entre os tratamentos contabilísticos disponíveis, não para refletir da forma mais adequada as circunstâncias da empresa, mas para maximizar o lucro reportado da empresa, de modo a maximizar a sua remuneração baseada no desempenho, podem acabar por receber uma remuneração superior à que receberiam se não tivessem feito essas escolhas.[150]

O desempenho melhorado da empresa (embora potencialmente consistente com as normas contabilísticas) existe apenas no papel, enquanto a riqueza real sai da empresa para os gestores sob a forma de remuneração dos gestores.[151] Fazer deliberadamente escolhas contabilísticas com a intenção de provocar este cenário sugeriria, sem dúvida, que houve uma violação do artigo 184(2).[152]

Nos termos do artigo 184(1) da Lei das Sociedades Anónimas de 2001 (Cth), um funcionário de uma sociedade também comete uma infração penal se for intencionalmente desonesto e não exercer os seus poderes ou não cumprir os seus deveres:

- de boa fé, no melhor interesse da sociedade; ou
- para um objetivo adequado.[153]

Tal como discutido anteriormente, quando os gestores escolhem entre os tratamentos contabilísticos disponíveis, não para refletir da forma mais adequada as circunstâncias da empresa, mas para maximizar o lucro declarado da empresa de modo a maximizar a sua remuneração baseada no desempenho, pode argumentar-se que estão potencialmente a violar os seus deveres de agir de boa fé no melhor interesse da empresa e para fins adequados.[154]

---

[150] O desempenho no âmbito de acordos de pagamento por desempenho pode também ser medido em termos de movimento ascendente no preço das acções da empresa, mas a investigação demonstrou que o lucro contabilístico comunicado por uma empresa pode ter um impacto no preço das acções da empresa. Ver ponto 62 supra e texto em anexo.

[151] Ver, por exemplo, Dechow, Sloan e Sweeney, acima n 114; Holthausen, "Accounting Method Choice", acima n 114; e Dechow e Sloan, acima n 121. Cf. Gevurtz, acima n 53, 1277.

[152] Para uma discussão pormenorizada da s 184, ver Baxt et al, acima n 108, 55-6; e Hanrahan, Ramsay e Stapledon, acima n 4, 212, 280-1.

[153] Para uma discussão académica sobre esta secção, ver, por exemplo, Austin, Ford e Ramsay, acima n 100, 266.

[154] Ver texto que acompanha as notas 100-142, acima.

Quando os gestores aumentam deliberadamente a riqueza em papel da empresa com a intenção de aumentar a riqueza real que flui da empresa para eles sob a forma de compensação de gestão, tal conduta pode ser potencialmente considerada desonesta e, por conseguinte, pode também constituir uma violação do artigo 184.º, n.º 1.[155]

E *Responsabilidade do Conselho de Administração pelas acções dos gestores*

Como já foi referido,[156] não é invulgar que o conselho de administração de uma empresa delegue a responsabilidade pela preparação das demonstrações financeiras da empresa em gestores de topo da empresa.

Coloca-se então a questão de saber em que medida o conselho de administração pode ser responsável, nos termos do artigo 190.º da *Corporations Act 2001* (Cth)[157] e do dever de cuidado, competência e diligência,[158] pela conduta potencialmente ilícita dos gestores, tal como acima referido e como previsto pela hipótese do plano de

---

[155] A noção de desonestidade, tal como era entendida antes das alterações introduzidas pela Lei do Programa de Reforma Económica do Direito das Sociedades de 1999 (Cth), é analisada em pormenor em B Fisse, "The Criminal Liability of Diretors: Honesty and Dishonesty In Law and Corporate Law Reform" (1992) Journal of Banking and Finance Law and Practice 151, 155, 157; V Mitchell, "The Concept of Honesty Under Section 232(2) of the Corporations Law" (1994) 12 Company and Securities Law Journal 231, 232-3; e R Carroll, "The Test of Honesty In Civil Proceedings Under Section 232(2) of the Corporations Law" (1995) 5 Australian Journal of Corporate Law 214, 221-8. O significado do termo "desonesto" para efeitos da s 184(1) não parece ter sido considerado judicialmente.

[156] No texto que acompanha os pontos 86-87, acima.

[157] Ler em conjunto com s 198D. Para uma discussão destas secções, ver Baxt et al, acima n 108, 29-30; e Hanrahan, Ramsay e Stapledon, acima n 4, 202-3.

[158] Sobre a natureza deste dever, ver, por exemplo, *Wheeler* (1994) 14 ACSR 109, 156-8, 161-7, 287-8 (Ipp J, com quem Malcolm CJ e Seaman J concordaram); *AWA* (1995) 16 ACSR 607, 658-9, 664-7 (Clarke e Sheller JJA); *Permanent Building Society v McGee* (1993) 11 ACSR 260, 287-8 (Anderson J); *Lagunas Nitrate Co v Lagunas Syndicate* [1899] 2 Ch 392, 418 (Romer J) e 435 (Lindley MR); *Vrisakis v Australian Securities Commission* (1993) 11 ACSR 162, 212 (Ipp J, com quem Malcolm CJ concordou) *("Vrisakis")*; *Overend & Gurney Co v Gibb* (1872) LR 5 HL 480, 486-7, 494-5 (Lord Hatherley); *Re City Equitable* [1925] Ch 407, 427-9 (Romer J); *Re Brazilian Rubber Plantations & Estates Ltd* [1911] 1 Ch 425, 4367 (Neville J) *("Brazilian Rubber"); Re Forest of Dean Coal Mining Co* (1878) 10 Ch D 450, 454 (Jessel MR) ("Dean"); *Friedrich* (1991) 5 ACSR 115, 126 (Tadgell J); *Gamble v Hoffman* (1997) 24 ACSR 369, 373 (Carr J); *Dorchester Finance Company v Stebbings* [1989] BCLC 498, 501-2 (Foster J) (' *Dorchester*); *Re Cardiff Savings Bank* [1872] 2 Ch 100, 109 (Stirling J) *('Marquis of Bute's Case"); Re Denham & Co* (1883) 25 Ch D 752, 766-8 (Chitty J) ('Denham'); *Land Credit Company of Ireland v Lord Fermoy* (1870) LR 5 Ch App 763, 770-2 (Hatherley LC) ('*Land Credit*'); *Francis v United Jersey Bank*, 432 A 2d 814, 821-2 (Pollock J) (1981); e s 180 of the *Corporations Act 2001* (Cth).

bónus.[159]

Os muitos estudos que parecem confirmar a incidência do comportamento previsto pela hipótese do plano de bónus[160] podem significar que os conselhos de administração podem não ter motivos razoáveis para acreditar que os gestores encarregados de preparar as demonstrações financeiras da empresa farão as escolhas contabilísticas disponíveis na preparação dessas demonstrações de boa fé, no melhor interesse da empresa e para fins adequados,[161] quando esses gestores estão sujeitos a acordos de pagamento por desempenho ao abrigo dos quais a sua remuneração pode ser determinada, pelo menos em parte, pelo desempenho da empresa, tal como relatado nas suas demonstrações financeiras.

A situação acima descrita poderia, por conseguinte, constituir um exemplo de uma situação em que os conselhos de administração poderiam ter de controlar a gestão com um elevado grau de cuidado e diligência.[162] No entanto, a mesma falta potencial de familiaridade pormenorizada do conselho de administração com as operações quotidianas da empresa, que pode tornar eficiente a delegação da função de elaboração dos mapas financeiros à direção[163] , pode igualmente significar que os conselhos de administração e os administradores não executivos podem ter dificuldade em

---

[159] Coloca-se também uma questão semelhante quando o conselho de administração delega esta responsabilidade a alguns dos administradores do conselho e os administradores em questão adoptam uma conduta do mesmo tipo. Uma discussão pormenorizada das questões de conflito de interesses que podem surgir em relação aos gestores e administradores e à sua remuneração baseada no desempenho pode já ser encontrada em Hill e Yablon, acima n 8; e Yablon, "Bonus Questions", acima n 27.

[160] Ver, por exemplo, Healy, supra n 46; Christie, supra n 47; Zmijewski e Hagerman, supra n 47; Watts e Zimmerman, "Towards a Positive Theory", supra n 47; Hagerman e Zmijewski, supra n 47; Lilien e Pastena, acima n 47; Dhaliwal, acima n 47; Daley e Vigeland, acima n 47; Dhaliwal, Salamon e Smith, acima n 47; Hoffman e Zimmer, acima n 74; e Bowen, Noreen e Lacey, acima n 47.

[161] Conforme exigido pelo artigo 190º da Lei das Sociedades Anónimas de 2001 (Cth). Cf. Metropolitan Fire Systems Pty Ltd v Miller (1997) 23 ACSR 699.

[162] Sobre o papel de controlo do conselho de administração, ver, por exemplo, *AWA* (1992) 7 ACSR 759, 865-6 (Rogers CJ). O que é exigido pelo dever de exercer o devido cuidado e diligência é considerado em *Dovey v Cory* [1901] AC 477, 485-6 (Halsbury LC) e 492-3 (Lord Davey); *Dorchester* [1989] BCLC 498, 502 (Foster J); *Re City Equitable* [1925] Ch 407, 426-9 (Romer J); *Marquis of Bute's Case* [1872] 2 Ch 100, 109 (Stirling J); *Dean* (1878) 10 Ch D 450, 454 (Jessel MR); *Brazilian Rubber* [1911] 1 Ch 425, 437 (Neville J); *Land Credit* (1870) LR 5 Ch App 763, 770-2 (Hatherley LC); *Denham* (1883) 25 Ch D 752, 766-8 (Chitty J); *Vrisakis* (1993) 11 ACSR 162, 215 (Ipp J, com quem Malcolm CJ concordou); e *Overend & Gurney Co v Gibb* (1872) LR 5 HL 480, 486-7, 495 (Lord Hatherley).

[163] Ver Rehnert, acima n 5, 1167; e Slater, acima n 89, 104.

questionar eficazmente os quadros superiores ou os administradores executivos sobre as razões dominantes para a escolha de determinados tratamentos contabilísticos em detrimento de outros.[164] Pode acontecer que o exercício do devido cuidado e diligência nestas circunstâncias possa exigir que o conselho de administração se abstenha de delegar à direção a responsabilidade pela elaboração dos mapas financeiros da empresa.[165] No entanto, como salienta Rehnert, um conselho de administração dominado por administradores executivos sujeitos a uma remuneração baseada no desempenho, no âmbito da qual a remuneração é determinada, pelo menos em parte, pelo desempenho da empresa, tal como indicado nas suas demonstrações financeiras, pode ainda assim acabar por fazer escolhas contabilísticas que, em última análise, têm como principal objetivo aumentar a remuneração desses administradores.[166]

F Problemas práticos e jurídicos

Aparentemente, a própria natureza das violações dos deveres legais e equitativos potencialmente decorrentes da prática da "gestão de resultados", tal como acima referido (por exemplo, uma aparente incapacidade de agir de boa-fé no melhor interesse da empresa ou para fins adequados)[167] excluiria provavelmente a aplicação de uma defesa baseada na "regra da apreciação das empresas".[168] No entanto, como será discutido mais adiante, litigar as potenciais violações de deveres que podem estar associadas à "gestão de resultados" pode revelar-se difícil na prática.[169]

---

[164] Ver especialmente Rehnert, acima n 5, 1167; e geralmente Malcolm, acima n 102, 67-9.

[165] Ver, por exemplo, Baxt et al, supra n 108, 29.

[166] Rehnert, acima n 5, 1150, 1165.

[167] Uma discussão pormenorizada das questões de conflito de interesses que podem surgir em relação aos gestores e à sua remuneração baseada no desempenho pode já ser encontrada em Hill e Yablon, acima n 8; e Yablon, "Bonus Questions", acima n 27.

[168] Comparar com Kamin, 383 NYS 2d 807 (1976), criticado em Gevurtz, acima n 53. Sobre os requisitos e a natureza desta defesa, ver, por exemplo, *Corporations Act 2001* (Cth) s 180(2); *Harlowe's* (1968) 121 CLR 483, 493 (Barwick CJ, McTiernan e Kitto JJ); *Darvall* (1989) 15 ACLR 230, 250 (Kirby P); e *Howard Smith* [1974] AC 821, 832 (Lord Wilberforce).

[169] Cf. Gevurtz, acima n 53, 1277. Sobre os problemas associados ao litígio de violações de deveres fiduciários em geral, ver Finn, "Fiduciary Law", acima n 126, 41. As dificuldades que surgem num contexto diferente em relação à contestação da remuneração dos executivos através dos tribunais nos Estados Unidos são discutidas em Randall Thomas e Kenneth Martin, "Litigating Challenges To Executive Pay: An Exercise In Futility?" (2001) 79 *Washington University Law Quarterly* 569.

1 Prova de má fé efectiva

Uma coisa é inferir dos resultados de estudos académicos relevantes[170] que os gestores que estão sujeitos a acordos de remuneração pelo desempenho, ao abrigo dos quais a sua remuneração é potencialmente influenciada pelo lucro contabilístico da empresa, tal como consta das suas demonstrações financeiras[171] , podem, na preparação destas demonstrações, escolher entre os tratamentos contabilísticos disponíveis, não para refletir da forma mais adequada as circunstâncias da empresa, mas para maximizar o lucro comunicado pela empresa, de modo a maximizar a sua remuneração baseada no desempenho.[172] Outra coisa é provar efetivamente que isto aconteceu em casos individuais.[173]

As Normas de Contabilidade permitem o exercício de uma quantidade significativa de discrição na preparação das demonstrações financeiras.[174] Mesmo que os gestores estejam sujeitos a acordos de pagamento por desempenho, ao abrigo dos quais a sua remuneração pode ser influenciada pelo lucro contabilístico da empresa, tal como relatado nas suas demonstrações financeiras,[175] e que os tratamentos contabilísticos

---

[170] Por exemplo, Healy, supra n 46; Christie, supra n 47; Zmijewski e Hagerman, supra n 47; Watts e Zimmerman, "Towards a Positive Theory", supra n 47; Hagerman e Zmijewski, supra n 47; Lilien e Pastena, acima n 47; Dhaliwal, acima n 47; Daley e Vigeland, acima n 47; Dhaliwal, Salamon e Smith, acima n 47; Hoffman e Zimmer, acima n 74; e Bowen, Noreen e Lacey, acima n 47.

[171] Tal como referido anteriormente, embora este trabalho se centre nos gestores de topo, uma vez que são frequentemente os responsáveis pela elaboração das demonstrações financeiras, os princípios discutidos são igualmente aplicáveis aos administradores executivos que estão sujeitos a uma remuneração baseada no desempenho e que praticam a "gestão de resultados".

[172] Sobre a elaboração de inferências a partir de provas de "contexto" alargado, ver, por exemplo, *Winthrop Investments Ltd v Winns Ltd* (1979) 4 ACLR 1, 12 (Waddell J) ("*Winthrop*"); e Justice Alex Chernov, "The Role of Corporate Governance Practices In the Development of Legal Principles Relating To Diretors" in Ian Ramsay (ed), *Corporate Governance and the Duties of Company Diretors* (1997) 33, 47.

[173] Sobre os requisitos relevantes de prova em litígios que levantam questões de boa fé e objectivos adequados, ver, por exemplo, *Gordon v Australian & New Zealand Theatres Ltd* (1940) 40 SR (NSW) 512, 517 (Jordan CJ); *Southern Resources Ltd v Residues Treatment & Trading Co Ltd* (1990) 3 ACSR 207, 217, 221, 223 (Jacobs ACJ, Prior e Mullighan JJ); *Smith* [1942] Ch 304, 306, 308 (Lord Greene MR); *Hindle* (1919) 56 Scots LR 625. 630-1 (Viscount Finlay); e *Richard Brady* (1937) 58 CLR 112, 135 (Latham CJ), 138 (Rich J) e 144-5 (Dixon J). Cf. *JD Hannes v M JHPty Ltd* (1992) 7 ACSR 8, 12 (Sheller JA); *Grant v John Grant & Sons Ltd* (1950) 82 CLR 1, 46 (Fullagar J); e *Ampol Petroleum Ltd v R W Miller (Holdings) Ltd* [1972] 2 NSWLR 850, 858 (Street J) ('*Ampol*').

[174] Ver discussão no texto que acompanha as notas 48-61, acima.

[175] O desempenho no âmbito de acordos de pagamento por desempenho pode também ser medido em termos de movimento ascendente no preço das acções da empresa, mas a investigação demonstrou que o lucro

utilizados na preparação destas demonstrações sejam, em geral, os que aumentariam o lucro relatado da empresa e não os que teriam o efeito oposto, ainda assim não se segue necessariamente (quer no equilíbrio das probabilidades, quer para além de qualquer dúvida razoável)[176] que os gestores tenham escolhido estes tratamentos por interesse próprio, a fim de maximizar a sua remuneração baseada no desempenho. Sem outras provas que possam sugerir uma má fé efectiva,[177] demasiado dependerá da credibilidade do indivíduo em questão.[178]

2 *Finalidades* mistas '

O problema dos "objectivos mistos" coloca-se se a doutrina dos objectivos adequados for invocada no contexto da "gestão de resultados", uma vez que parece improvável que um gestor escolha um tratamento contabilístico em detrimento de outro apenas com o objetivo de aumentar potencialmente a sua remuneração ao abrigo de um acordo de pagamento por desempenho.[179] Como já foi referido, as sociedades cotadas são legalmente obrigadas pela *Corporations Act 2001* (Cth) a preparar demonstrações financeiras.[180] O cumprimento desta obrigação exige a escolha entre diferentes tratamentos contabilísticos, uma vez que as *Normas Contabilísticas* permitem o

---

contabilístico comunicado por uma empresa pode ter um impacto no preço das acções da empresa. Ver ponto 62 supra e texto em anexo.

[176] Cf *Briginshaw v Briginshaw* (1938) 60 CLR 336; *Rejfek v McElroy* (1965) 112 CLR 517; e *Neat Holdings Pty Ltd v Karajan Holdings Pty Ltd* (1992) 110 ALR 449. A Secção 1317L da *Lei das Sociedades Anónimas de 2001* (Cth) estabelece o nível de prova que deve ser cumprido para que as declarações das infracções discutíveis dos artigos 181° e 182° (tal como discutido no texto que acompanha os números 109-121, 139-142 e 144-147, acima) possam ser feitas em processos de sanções civis instaurados pela Australian Securities and Investments Commission ("ASIC") ao abrigo do artigo 1317°J. Para uma discussão sobre as circunstâncias em que a ASIC instaurou processos de sanções civis, ver, por exemplo, Michelle Welsh, "Eleven Years On: An Examination of ASIC's Use of an Expanding Civil Penalty Regime" (2004) 17 *Australian Journal of Corporate Law* 175.

[177] Parsons, acima n 105, 425-6 reconhece que tais provas podem ser difíceis de encontrar.

[178] Ver, por exemplo, *Smith* [1942] Ch 304, 308 (Lord Greene MR); *Shuttleworth* [1927] 2 KB 9, 18 (Bankes LJ); *Wheeler* (1994) 14 ACSR 109, 137-48 (Ipp J, com quem Malcolm CJ e Seaman J concordaram); *Hindle* (1919) 56 Scots LR 625, 630-1 (Viscount Finlay); *Richard Brady* (1937) 58 CLR 112, 136 (Latham CJ); *Pine Vale* (1983) 8 ACLR 199, 207, 209 (McPherson J); *Darvall* (1989) 15 ACLR 230, 239 (Kirby P); *Advance Bank* (1987) 12 ACLR 118, 137 (Kirby P); *Morgan* (1983) 1 ACLC 831, 838 (White J); e *Ampol* [1972] 2 NSWLR 850, 874 (Street J).

[179] Sobre as complicações colocadas pela presença de "objectivos mistos" ver, por exemplo, *Haselhurst v Wright* (1991) 4 ACSR 527, 531 (Owen J) ("*Haselhurst*"); e *Hirsche v Sims* [1894] AC 654, 660.

[180] Nos termos da *Corporations Act 2001* (Cth) ss 111AC(1), 111AE(1), 286(1) e 292.

exercício de um grau significativo de discricionariedade na preparação das demonstrações financeiras.[181] Pode, por conseguinte, dizer-se que o fenómeno da "gestão dos resultados" reflecte a combinação da necessidade de escolher tratamentos contabilísticos e a seleção efectiva de tratamentos que, em geral, têm o efeito relativo de aumentar o lucro contabilístico da empresa, tal como indicado nas suas demonstrações financeiras.

Por conseguinte, pode dizer-se que o comportamento que equivale à "gestão dos resultados" pode ser potencialmente motivado por objectivos mistos de "cumprimento" e de "aumento da remuneração".[182] Se for este o caso, parece que o comportamento em questão só seria contrário à doutrina dos fins próprios se o desejo de aumentar potencialmente o montante da remuneração baseada no desempenho fosse a "razão substancial"[183] para escolher alguns tratamentos contabilísticos em vez de outros, ou se este desejo fosse uma razão significativa "sem a qual"[184] os tratamentos contabilísticos relevantes não teriam sido escolhidos.

Pode ser muito difícil estabelecer a existência de qualquer um dos itens acima em casos individuais. Como previamente notado, as Normas de Contabilidade permitem aos preparadores de demonstrações financeiras exercer uma quantidade significativa de discrição no processo de preparação dessas demonstrações. A quantidade significativa de discrição permitida pelas normas no exercício de preparação das demonstrações pode significar que os tratamentos finalmente escolhidos para efeitos de preparação das demonstrações podem ser geralmente aqueles que têm o efeito

---

[181] Ver a discussão no texto que acompanha as notas 48-61, acima.

[182] Cf. o problema dos objectivos mistos discutido em *Harlowe's* (1968) 121 CLR 483, 493 (Barwick CJ, McTiernan e Kitto JJ); *Hindle* (1919) 56 Scots LR 625, 630 (Viscount Finlay); e *Ampol* [1972] 2 NSWLR 850, 872, 879 (Street J).

[183] Ver, por exemplo, *Mills* (1938) 60 CLR 150, 185-6 (Dixon J); *Howard Smith* [1974] AC 821, 835 (Lord Wilberforce); *Advance Bank* (1987) 12 ACLR 118, 136-7 (Kirby P); *Condraulics* [1984] 2 Qd R 198, 206 (McPherson J); *Ngurli* (1953) 90 CLR 425, 440 (Williams ACJ, Fullagar e Kitto JJ); e *Whitehouse* (1987) 162 CLR 285, 293-4 (Mason, Deane e Dawson JJ).

[184] Ver, por exemplo, Mills (1938) 60 CLR 150, 186 (Dixon J); Haselhurst (1991) 4 ACSR 527, 531 (Owen J); *Darvall* (1989) 16 NSWLR 260, 281-2 (Kirby P) e 340 (Clarke JA); *Winthrop* (1979) 4 ACLR 1, 113 (Waddell J); *Wheeler* (1994) 14 ACSR 109, 137 (Ipp J, com quem Malcolm CJ e Seaman J concordaram); *Pine Vale* (1983) 8 ACLR 199, 209-10 (McPherson J); e *Whitehouse* (1987) 162 CLR 285, 294 (Mason, Deane e Dawson JJ).

relativo de aumentar o lucro contabilístico da empresa, mesmo na ausência de má fé "substancial" ou "significativa" por parte dos preparadores das demonstrações.[185] Mais uma vez, muito pode depender da credibilidade dos indivíduos em questão.[186]

3 Os prejuízos ou lucros da gestão de resultados podem ser difíceis de provar

Poder-se-ia dizer que os gestores que aumentam deliberadamente a riqueza em papel da empresa com a intenção de aumentar a riqueza real que flui da empresa para eles sob a forma de remuneração da gestão estão a promover os seus próprios interesses à custa da empresa. No entanto, a quantificação do montante deste ganho que ocorreu à custa da empresa parece depender da resposta à seguinte questão: se o interesse próprio dos gestores não tivesse influenciado a seleção dos tratamentos contabilísticos relevantes, que tratamentos poderiam ter sido escolhidos?[187]

---

[185] Ver, por exemplo, os exemplos apresentados em K Chen e C Lee, "Executive Bonus Plans and Accounting Trade-Offs: The Case of the Oil and Gas Industry, 1985-86" (1995) 70 *Accounting Review* 91; W Johnson e R Ramanan, "Discretionary Accounting Changes From "Successful Efforts" To "Full Cost" Methods: 1970-76" (1988) 63 *Accounting Review* 96; R Kasznik e B Lev, "To Warn or Not To Warn: Management Disclosures In the Face of an Earnings Surprise" (1995) 70 *Accounting Review* 113; B Lev e J Ohlson, "Market-Based Empirical Research In Accounting: A Review, Interpretation and Extension" (1982) 22 *Journal of Accounting Research* 249; W Llewellen, C Loderer e A Rosenfield, "Merger Decisions and Executive Stock Ownership In Acquiring Firms" (1985) 7 *Journal of Accounting and Economics* 287; Shezhad Main e Clifford Smith Jr, "Incentives For Unconsolidated Financial Reporting" (1990) 12 *Journal of Accounting and Economics* 141; Mary Mohrman, "Debt Contracts and FAS No 19: A Test of the Debt Covenants Hypothesis" (1993) 78 *Accounting Review* 273; D Patz e J Boatsman, "Accounting Principle Formulation In an Efficient Markets Environment" (1972) 12 *Journal of Accounting Research* 392; H Tehranian, N Travlos e J Waegelein, "Management Compensation Contracts and Merger-Induced Abnormal Return" (1987) 27 *Journal of Accounting Research* 51; e R Verrecchia, "Discretionary Disclosure" (1983) 5 *Journal of Accounting and Economics* 179.

[186] Ver, por exemplo, *Smith* [1942] Ch 304, 308 (Lord Greene MR); *Shuttleworth* [1927] 2 KB 9, 18 (Bankes LJ); *Wheeler* (1994) 14 ACSR 109, 137-48 (Ipp J, com quem Malcolm CJ e Seaman J concordaram); *Hindle* (1919) 56 Scots LR 625, 630-1 (Viscount Finlay); *Richard Brady* (1937) 58 CLR 112, 136 (Latham CJ); *Pine Vale* (1983) 8 ACLR 199, 207, 209 (McPherson J); *Darvall* (1989) 15 ACLR 230, 239 (Kirby P); *Advance Bank* (1987) 12 ACLR 118, 137 (Kirby P); *Morgan* (1983) 1 ACLC 831, 838 (White J); e *Ampol* [1972] 2 NSWLR 850, 874 (Street J).

[187] Sobre as dificuldades inerentes a inquéritos "contrafactuais" deste tipo, ver, por exemplo, Richard Wright, "Causation, Responsibility, Risk, Probability, Naked Statistics and Proof: Pruning the Bramble Bush By Clarifying the Concepts" (1988) 73 *Iowa Law Review* 1001, 1029, 1041-2; David Hamer, "'Chance Would Be a Fine Thing": Proof of Causation and Quantum In an Unpredictable World" (1999) 23(3) *Melbourne University Law Review* 557, 567, 573-5; e B Robertson e G Vignaux, "Probability: The Logic of the Law" (1993) 13 *Oxford Journal of Legal Studies* 457, 460, 470.

Infelizmente, a resposta a esta questão não parece apresentar-se prontamente, porque as mesmas escolhas contabilísticas poderiam ter sido feitas. Como já foi referido, os tratamentos contabilísticos escolhidos para efeitos de preparação das demonstrações financeiras da empresa podem, em geral, ser aqueles que têm o efeito relativo de aumentar o lucro contabilístico da empresa, mesmo na ausência de um desejo por parte dos preparadores dessas demonstrações de aumentar potencialmente a sua remuneração baseada no desempenho, nos casos em que estão sujeitos a acordos de pagamento por desempenho ao abrigo dos quais a sua remuneração é influenciada pelo lucro contabilístico da empresa, tal como relatado nas suas demonstrações financeiras. As Normas Contabilísticas dão aos preparadores das demonstrações financeiras um grau não negligenciável de discrição na escolha dos tratamentos contabilísticos usados na preparação dessas demonstrações.[188] Por conseguinte, pode dizer-se que a escolha de tratamentos que tenham o efeito relativo de aumentar o lucro relatado da empresa não parece ser imprópria, a menos que esta escolha seja motivada por outras razões que não o desejo de refletir mais adequadamente as circunstâncias da empresa (por exemplo, o desejo de aumentar o montante da remuneração influenciado pelo desempenho da empresa).[189] Tal como acima referido, estabelecer a presença desta última intenção como uma das razões para as escolhas contabilísticas efectuadas pode revelar-se difícil na prática, uma vez que parece que, na ausência de provas diretas de má fé dos gestores, muito dependeria da credibilidade dos indivíduos em questão.[190]

[188] Ver, por exemplo, Johnston, Jager e Taylor, acima n 52, 156-7; Jubb e Haswell, acima n 52, 20; Gibson, acima n 52, 3-4; Phillips, acima n 52, 168; Lowenstein, acima n 52, 284-5; Hoffman e Zimmer, acima n 74, 36; Baxt, 'True and Fair Accounts', acima n 89, 549; Craig e Walsh, acima n 61, 232; Walsh, Craig e Clarke, acima n 73, 175-6, 178-9, 187; Blair e Ramsay, acima n 48, 282; Kennedy, Kleinmuntz

[189] Sobre outras razões potenciais para a escolha de tratamentos contabilísticos que teriam o efeito relativo de aumentar o lucro declarado de uma empresa, ver, por exemplo, C Smith Jr e J Warner, "On Financial Contracting: An Analysis of Bond Covenants" (1979) 7 *Journal of Financial Economics* 117; D Stokes e K Tay, "Restrictive Covenants and Accounting Information In the Market For Convertible Notes: Further Evidence" (1988) 28 *Accounting and Finance* 57; e O Williamson, "Corporate Finance and Corporate Governance" (1988) 43 *Journal of Finance* 567.

[190] Ver, por exemplo, *Smith* [1942] Ch 304, 308 (Lord Greene MR); *Shuttleworth* [1927] 2 KB 9, 18 (Bankes LJ); *Wheeler* (1994) 14 ACSR 109, 137-48 (Ipp J, com quem Malcolm CJ e Seaman J concordaram); *Hindle* (1919) 56 Scots LR 625, 630-1 (Viscount Finlay); *Richard Brady* (1937) 58 CLR 112, 136 (Latham CJ); *Pine Vale* (1983) 8 ACLR 199, 207, 209 (McPherson J); *Darvall* (1989) 15 ACLR 230, 239 (Kirby P); *Advance*

Pode dizer-se que a perda para a empresa e o ganho para o gestor da "gestão de resultados" é o aumento da quantia da remuneração paga ao gestor como resultado dos tratamentos contabilísticos que foram escolhidos por interesse próprio, comparado com a quantia de remuneração que teria sido paga se o interesse próprio não tivesse motivado a seleção destes tratamentos.[191] Tal como foi referido anteriormente, a quantidade significativa de discricionariedade permitida pelas normas contabilísticas no exercício da preparação das demonstrações financeiras pode significar que os tratamentos finalmente escolhidos para efeitos da preparação das demonstrações podem ser geralmente aqueles que têm o efeito relativo de aumentar o lucro contabilístico da empresa (e, consequentemente, a quantia da remuneração que é influenciada pelo desempenho contabilístico da empresa), mesmo na ausência de má fé "substancial" ou "significativa" por parte dos preparadores das demonstrações.

A significativa discrição dada pelas Normas aos preparadores das demonstrações financeiras em termos dos tratamentos contabilísticos que podem ser utilizados na preparação de tais demonstrações pode também levar ao resultado de que as "circunstâncias objectivas" que rodeiam o exercício da discrição (por exemplo, a presença de acordos de pagamento por desempenho segundo os quais a remuneração é influenciada pelo desempenho da empresa tal como relatado nas suas demonstrações financeiras, e a seleção efectiva de tratamentos que, em geral, têm o efeito relativo de aumentar o lucro declarado da empresa) poderiam ser consideradas de menor utilidade probatória neste caso, quando comparadas com as disputas sobre a boa fé e os objectivos adequados que ocorrem noutros contextos.[192]

Bank (1987) 12 ACLR 118, 137 (Kirby P); *Morgan* (1983) 1 ACLC 831, 838 (White J); e *Ampol* [1972] 2 NSWLR 850, 874 (Street J).

[191] Cf *Re Dawson; Union Fidelity Trustee Co Ltd v Perpetual Trustee Co Ltd* (1966) 84 WN (Pt 1) (NSW) 399, 409 (Street J); *McKenzie v McDonald* [1927] VLR 134, 146 (Dixon AJ); *Markwell Bros Pty Ltd v CPN Diesels (Qld) Pty Ltd* [1983] 2 Qd R 508, 522-4 (Thomas J); *Tavistock Pty Ltd v Saulsman* (1990) 3 ACSR 502, 510 (Anderson J); e *Muschinski v Dodds* (1985) 160 CLR 583, 607 (Brennan J) e 624-5 (Dawson J).

[192] Sobre o papel probatório de tais circunstâncias, ver, por exemplo, *Shuttleworth* [1927] 2 KB 9, 18 (Bankes LJ); *Wheeler* (1994) 14 ACSR 109, 137-48 (Ipp J, com quem Malcolm CJ e Seaman J concordaram); *Winthrop* (1979) 4 ACLR 1, 12 (Waddell J); *Darvall* (1989) 15 ACLR 230, 239 (Kirby P); *Advance Bank* (1987) 12 ACLR 118, 137 (Kirby P); *Hindle* (1919) 56 Scots LR 625, 630-1 (Viscount Finlay); *Ampol* [1972] 2 NSWLR 850, 874 (Street J); *Pine Vale* (1983) 8 ACLR 199, 207, 209 (McPherson J); *Morgan* (1983) 1 ACLC 831, 838 (White J); e *Richard Brady* (1937) 58 CLR 112, 136 (Latham CJ).

Um comportamento que equivale a uma "gestão dos resultados", tal como discutido em si mesmo, pode também não conduzir, de facto, a uma perda para a empresa ou a um ganho para aqueles que praticam esse comportamento. O efeito sobre o montante da remuneração baseada no desempenho de um aumento relativo do lucro contabilístico da empresa, tal como consta das demonstrações financeiras da empresa, pode ser ofuscado pelos resultados de outros indicadores não contabilísticos do desempenho da empresa.[193] Lambert e Larcker observaram que, embora o lucro contabilístico de uma empresa possa ter uma influência não negligenciável sobre o montante da remuneração finalmente concedida ao abrigo de um acordo de remuneração pelo desempenho, é pouco provável que este valor do lucro seja a única medida do desempenho da empresa utilizada para efeitos de determinação do nível da remuneração baseada no desempenho.[194]

4 O incentivo económico para litigar pode ser pequeno

A discussão anterior assinalou o que parecem ser algumas das dificuldades consideráveis associadas ao estabelecimento da presença efectiva de má fé no contexto da gestão dos resultados que tem como catalisador a remuneração baseada no desempenho, e em provar que esta falta de boa fé resultou, em última análise, num ganho para o(s) gestor(es) à custa da empresa. Quando considerado em combinação com a natureza altamente discricionária e "contingente" da contabilidade,[195] o complexo inquérito "contrafactual" que se tornaria inevitavelmente necessário[196] poderia significar que tomar medidas com êxito contra os envolvidos na gestão de resultados poderia revelar-se tão difícil como ter êxito em acções contra aqueles que se envolvem em "abuso de informação privilegiada", se não mais.[197]

---

[193] Perry e Zenner, supra n 63, 10.

[194] R Lambert e D Larcker, "An Analysis of the Use of Accounting and Market Measures of Performance in Executive Compensation Contracts" (1987) 25 *Journal of Accounting Research* 85. Ver também Kevin Murphy, "Performance Standards in Incentive Contracts" (2001) 30 *Journal of Accounting and Economics* 245.

[195] Ver a discussão no texto que acompanha as notas 48-61, acima.

[196] Tal como referido na análise que acompanha as notas 187-192, supra.

[197] Cf. Finn, "Fiduciary Law", acima n 126, 41. Sobre algumas das dificuldades associadas à adoção de medidas em relação ao abuso de informação privilegiada, ver, por exemplo, Michael Gething, 'Insider Trading Enforcement: Where Are We Now and Where Do We Go From Here?" (1998) 16 *Company and Securities*

Considerando que se pode esperar que litígios complexos deste tipo envolvam elevados custos diretos e de oportunidade[198] mas que, não obstante, comportam uma probabilidade real de insucesso,[199] aqueles que, de outro modo, poderiam tomar medidas contra os autores da gestão dos resultados motivada pela presença de acordos de remuneração pelo desempenho podem razoavelmente chegar à conclusão de que os recursos que poderiam ser gastos em tal exercício poderiam ser mais bem utilizados.[200] Com as dificuldades práticas e jurídicas que foram exploradas em relação ao litígio das potenciais infracções à lei que podem estar associadas à "gestão dos resultados", tal como discutido anteriormente,[201] a supressão desta prática através dos tribunais pode acabar por custar mais em termos económicos do que o custo provocado pela prática da gestão dos resultados em si mesma na empresa, nos seus acionistas e na sociedade.[202] É possível que a existência sugerida da prática de gestão dos resultados,

---

Law Journal 607; Charles Qu, 'Efficacy of Insider Trading Civil Liability Regime In the Corporations Act' (2002) 14(2) *Australian Journal of Corporate Law* 161; e Mark Freeman e Michael Adams, 'Australian Insiders' Views On Insider Trading' (1999) 10(2) *Australian Journal of Corporate Law* 148. Comparar com R Clark, *Corporate Law* (1986) 277-300.

[198] Ver, por exemplo, Whincop, "Diretors' Statutory Duties", supra n 143, 143; Whincop, "Developments In Diretors' Statutory Duties", supra n 143, 170; e Mark Lawson, "After Legal Fees Settlements Look Meagre", *The Australian Financial Review* (Melbourne), 2 de abril de 1993, 2, 2.

[199] Cf. Whincop, "Diretors' Statutory Duties", supra n 143, 143; Blanchard, supra n 143, 11-2; e Whincop, "Developments In Diretors' Statutory Duties", supra n 143, 170.

[200] Para uma discussão sobre a economia dos litígios, ver, por exemplo, Neil Chenoweth, "The Big Payback", *The Bulletin* (Melbourne), 21 de abril de 1992, pp. 84, 85; K St Pierre e J Anderson, "An Analysis of the Factors Associated with Lawsuits Against Public Accountants" (1984) 59 *Accounting Review* 242; Randolph Beatty, "The Economic Determinants of Auditor Compensation In the Initial Public Offerings Market" (1993) 31(2) *Journal of Accounting Research* 294; Zoe-Vonna Palmrose, "An Analysis of Auditor Litigation and Audit Service Quality" (1988) 63(1) *Accounting Review* 55; Thomas Lys e Ross Watts, "Lawsuits Against Auditors" (1994) 32 *Journal of Accounting Research* 65; e Zoe-Vonna Palmrose, "Litigation and Independent Auditors: The Role of Business Failure and Management Fraud" (1987) 6 *Auditing: A Journal of Practice and Theory* 90. Sobre a política que pode ser adoptada pela ASIC no que diz respeito a acções judiciais, ver Alan Cameron, "The Perspective of the Australian Securities Commission on the Enforcement of Diretors' Duties and the Role of the Courts: A Comment" em Ian Ramsay (ed), *Corporate Governance and the Duties of Company Diretors* (1997) 205.

[201] No texto que acompanha os números 169-194, acima.

[202] Cf. Rehnert, acima n 5, 1163-4. A abordagem geral da análise custo-benefício é discutida em Richard Johnstone, "Economic and Sociological Approaches To Law" em Rosemary Hunter, Richard Ingleby e Richard Johnstone (eds), *Thinking About Law: Perspectives On the History, Philosophy and Sociology of Law* (1995) 61, 66-7, 70; Ronald Coase, "The Problem of Social Costs" (1960) 3 *Journal of Law and Economics* 1; e David Wood, Rosemary Hunter e Richard Ingleby, "Themes In Liberal Legal and Constitutional Theory" in

tal como acima referido, possa, por definição, indicar infelizmente que os métodos não litigiosos de controlo da gestão dos resultados podem nem sempre ser potencialmente eficazes ou eficientes.[203] Se tudo o resto estiver a correr bem na empresa, pode muito bem acontecer que a gestão dos resultados, impulsionada pela remuneração baseada no desempenho, seja simplesmente reconhecida a contragosto como um potencial "custo de agência" da vida empresarial.[204]

Rosemary Hunter, Richard Ingleby e Richard Johnstone (eds), *Thinking About Law: Perspectives On the History, Philosophy and Sociology of Law* (1995) 41, 43-4.

[203] Ver, por exemplo, Watts e Zimmerman, *Positive Accounting Theory*, supra n 38, 205, 207-8; Godfrey e Adi, supra n 43, 277; Rehnert, supra n 5, 1163; Godfrey, Hodgson e Holmes, supra n 13, 268-9, 283-5; Godfrey et al, supra n 11, 241-2, 253-5; e Smith e Watts, supra n 28, 150. O custo e o esforço consideráveis envolvidos na análise das demonstrações financeiras e no "desvendamento" dos números contabilísticos foram discutidos no texto que acompanha as notas 41-43, acima.

[204] Comparar Parsons, acima n 105, 402. Para uma discussão sobre a noção de custos de agência, ver, por exemplo, Ng, acima n 10, 197-9.

CAPÍTULO 6

Conclusão: Uma nota sobre um potencial papel dos consultores jurídicos no governo das sociedades

Este trabalho procurou questionar o que parece ser um pressuposto de que a prática da "gestão de resultados", embora potencialmente moralmente questionável, não é juridicamente problemática. Começando com uma análise económica da remuneração baseada no desempenho e da gestão de resultados que, na sua maior parte, parece ter estado ausente da literatura jurídica sobre remuneração por desempenho até à data, procurou-se demonstrar que a gestão de resultados motivada pela presença de um acordo de remuneração por desempenho parece violar os deveres equitativos e estatutários a que estão sujeitos os preparadores de demonstrações financeiras. As dificuldades de prova e os desincentivos aos litígios não afectam a conclusão de que os gestores de empresas que exercem os seus poderes contabilísticos com o objetivo de maximizar a sua remuneração baseada no desempenho podem ser considerados como estando a abusar da sua posição e a violar os seus deveres de agir de boa fé no melhor interesse da empresa e para fins adequados.

É neste aspeto que os consultores jurídicos podem ter um papel na governação das empresas[205] que Ramsay e outros parecem ter ignorado.[206] Ingleby e Johnstone referem que os advogados desempenham uma função de "guardiões" em relação ao sistema jurídico,[207] e Yablon aludiu à influência potencial que o aconselhamento jurídico pode ter em termos de modelação da tomada de decisões empresariais.[208] Uma vez que se sugere que a gestão de resultados motivada pela presença de um acordo de remuneração pelo desempenho parece violar os deveres equitativos e estatutários a que estão sujeitos os preparadores das demonstrações financeiras, pode ser que os

---

[205] Cf. Charles Yablon, "Overcompensating: The Corporate Lawyer and Executive Pay" (1992) 92 *Columbia Law Review* 1867, 1870 sobre o papel potencial dos advogados em termos de governo das sociedades.

[206] Como sugere a ausência de discussão em Ramsay, "The Corporate Governance Debate", acima n 4, 6. Ver também Hanrahan, Ramsay e Stapledon, supra n.º 4, 123.

[207] Richard Ingleby e Richard Johnstone, "Invocation and Enforcement of Legal Rules" in Rosemary Hunter, Richard Ingleby e Richard Johnstone (eds), *Thinking about Law: Perspectives on the History, Philosophy and Sociology of Law* (1995) 157, 169.

[208] Yablon, "Overcompensating", supra n 205, 1867, 1870.

advogados com visão de futuro, que estão verdadeiramente a agir no melhor interesse dos seus clientes, se comportem de modo a alertar os interessados para esta possibilidade da forma mais diplomática e diplomática possível, especialmente à luz da investigação que parece sugerir que se pode esperar que os gestores das empresas exerçam os seus poderes contabilísticos com o objetivo de maximizar a sua remuneração baseada no desempenho. Como já foi referido, as dificuldades de prova e os desincentivos à litigância não afectam a conclusão de que tal comportamento constituiria um abuso de posição e uma violação dos deveres de agir de boa fé no melhor interesse da empresa e para fins adequados.

Printed by Books on Demand GmbH, Norderstedt / Germany